＼家庭でつくる／

沖縄行事料理とふるまい料理

家庭料理友の会編

家庭でつくる
沖縄行事料理とふるまい料理
もくじ

家庭でつくる沖縄行事料理

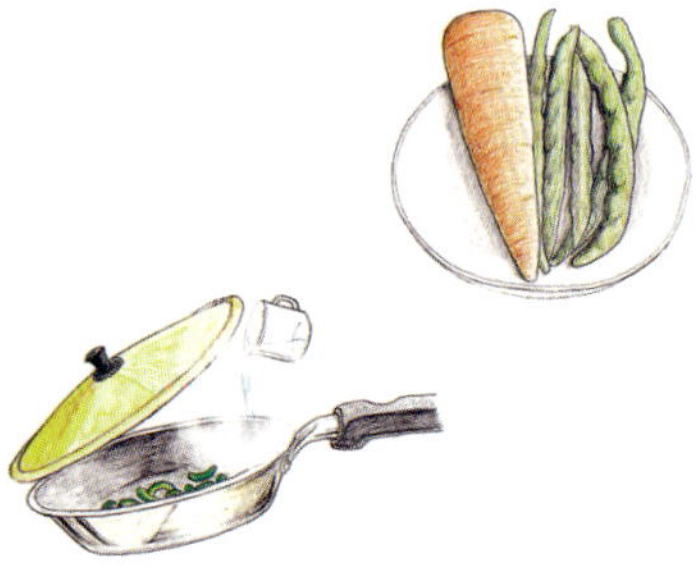

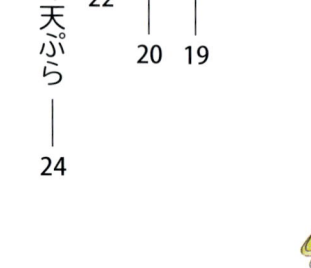

新作重箱料理　その三 ── 32

大胆にチャレンジ

三月お重・初お重 ── 42

彩色華やかな重箱料理

年中行事料理と祝い膳 ── 52

年中行事とウサギムン ── 54

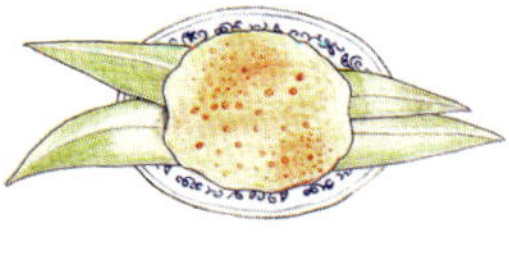

家庭でつくる ふるまい料理

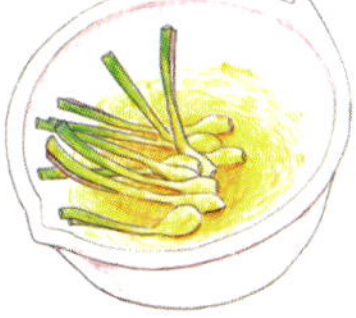

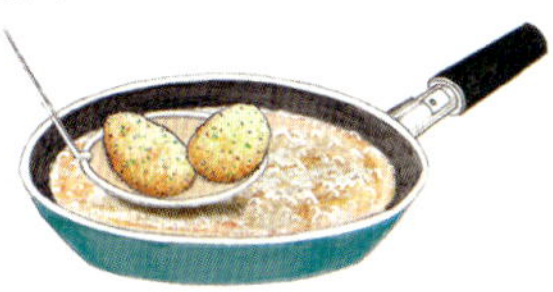

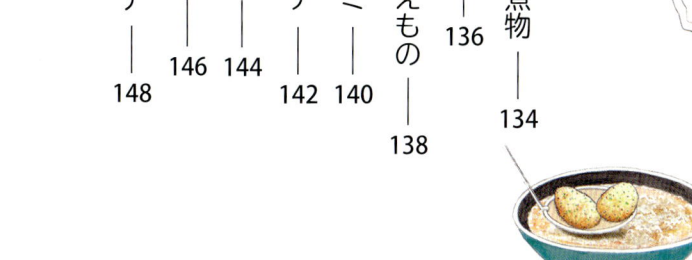

＼家庭でつくる／

沖縄行事料理

手早く作れて
冷めてもおいしい！

新作重箱料理と三月お重

おいしく、残さず食べきる
重箱料理を！

三月お重は華やかに！

手づくり新作重箱（重詰）料理

冷めてもおいしくいただける工夫を

アチラシケーサーはチョッと……。せっかくの料理をくたびれさせ、作り立ての味をそこねてしまいます。

「アチラシケーサー」とは、料理でいえば煮かえしのこと。一般社会では同じことをくどくどと性こりもなく言いつのることをいいます。いずれにしても、いいイメージではありません。

脂の浮いた三枚肉、硬くなった天ぷら、冷えた煮もの、いたみやすいかまぼこ……。いくら見た目には美しく盛り付けられていても、冷めてしまっては箸も思わず止まってしまいます。

五～九品の伝統料理を美しく詰めたお重。法事をはじめとしていろいろな行事にはかかせないもの。ところが重箱料理はウサンデー（直会《なおらい》）してからいただくもの。アチコーコー（あつあつ）を食べるわけにはいきません。ならばせめて、冷めてもおいしくいただける料理にしたいものです。

シーミー（清明祭）やシチグワッチ（旧盆）の前になると、スーパーなどにはコーナーが設けられ、きれいに盛り付けられたお重がところせましと並びます。また、ナンカスーコー（週忌）ともなれば、七日ごとにお重を用意しなければなりません。

おそなえする重箱料理は残さず食べきってしまうのが神さまや仏さまへの礼儀です。残して処分するのは礼節を欠くことになります。

新作重箱料理「その２」

ウサンミ（御三味）ってなに？

重箱料理に詰める伝統料理のことを「ウサンミ」とよぶことがすっか

り定着したようですが、もともとは中国で生まれた神さまや仏さまへの供物のことです。

　中国では、ご先祖さまや天の神々を祀るときの供物の一つとして、牛・羊・豚をそれぞれ一頭ずつをそなえる習慣があり、その三種類の動物のことを「三牲《さんせい》」とよんでいたようです。

　このような中国の習慣が、中国福建省から沖縄の久米村（クニンダ）に移住してきた人びとの手によって伝えられました。

　久米村の人びとは、故郷で祭品(供物のこと）としてそなえていた三牲のかわりに鶏・魚・豚肉をおそなえし、これを「ウサンミ」とよんだのです。

テキパキと。

　久米村で始まったウサンミはやがて、首里や那覇の人たちにも伝わり、供物も魚と豚肉の二種類となります。

　魚と豚肉を中心とした重箱料理が祀りの供物として一般の人たちの間にも普及するようになるのですが、その過程で料理の内容や盛り付け方に地域や門中による違いが生まれてきたのです。ですから、正当な重箱料理というものはないのです。

提案　新作重箱料理

　多くの場合、重箱料理はアチコーコーを食べるのではなくウサンデーするときにいただくものです。

　今回、私どもが提案した重箱料理は「冷めてもおいしく、残さず食べる」をテーマに、主婦がつくる「身近な食材を使った手づくり重箱料理」です。

　三パターンの新作重箱料理を紹介しました。見た目の美しさより「おいしく、残さず食べる」ことにこだわりました。

手ぎわよくすすめます。

下ごしらえもていねいに。

手早くできて、冷めてもおいしい！

新作重箱料理　その一

チョッとした工夫で

法事用であれ祝い用であれ、重箱料理には豚肉料理はかかせません。

とは言っても、昔ならいざ知らず、ふだんからバリエーションのある肉料理を食べつけている今の人に、冷めて脂が浮いて固まった三枚肉の煮つけを「どうぞ召し上がれ」と勧めてもなかなか手を出してくれません。相手が子どもならなおさらです。

残さず食べきってしまうのが神さま仏さまへ

七品

- スーチカーの三枚肉
- スーチカーのネギ巻き
- ごぼうの煮つけ
- 大根の煮つけ
- 昆布の煮しめ
- 揚げ豆腐
- さやいんげんの天ぷら

「スーチカーのねぎ巻き」

ひと工夫を加えた「スーチカーの三枚肉」

の礼儀とはいえ、重箱を空っぽにするのは骨が折れます。

一工夫を加えた「スーチカーの三枚肉」、同じようにチョッとしたアイデアを盛り込んだ「揚げ豆腐」、重箱に彩りを添える「スーチカーのネギ巻き」と「さやいんげんの天ぷら」を新しい試みとして入れました。いずれも冷めても味の変わらない一品です。

重箱料理は伝統料理だからとかたくなに考えている方には少し抵抗があるのかもしれません。

今であれば、都市部も農村部も同じ素材が手に入ります。でも一昔前の沖縄では、それぞれの地域によって手に入る素材がことなっていました。

重箱に詰める料理にも地域性があるのは当然だし、盛りつけの違いがあるのが自然なのです。おそなえした以上、ウサンデーしておいしくいただくことが何よりたいせつなことなのです。

新作重箱料理
その1

スーチカーの三枚肉

手早くできて、冷めてもおいしい！

★三枚肉の煮つけの作り方は44頁にあります。

切るときは重箱のサイズに合わせてネ！

準備するもの

・スーチカー　600g

★味つけ
砂糖少々、しょう油少々

★ころも
薄力粉　少々、卵１個（とき卵）

冷めてもおいしい三枚肉

●重箱の中で冷めてしまった三枚肉。手を出すのも勇気がいるよネ。そこで考えたのが冷めても味が変わらず脂の固まらないスーチカーの三枚肉。ひと工夫すれば簡単につくれる。

伝統を重んじるばあちゃんは、はじめは抵抗があったよう。今ではわが家の定番。一口大に切れば肉の苦手な子どももパクリ！

●バラバラに来るお客さん。冷えて脂の固まった三枚肉を「どうぞ召し上がれ」とはチョっと言いづらい。その都度温めるのも大変。そんなとき「スーチカーの三枚肉」があればあわてふためくこともない。ゆでた三枚肉でもつくり方は同じ。

★薄力粉をまぶし、とき卵を軽くぬり、さっと焼くのがコツ！

ゆんたくひんたく

切りそろえる

1

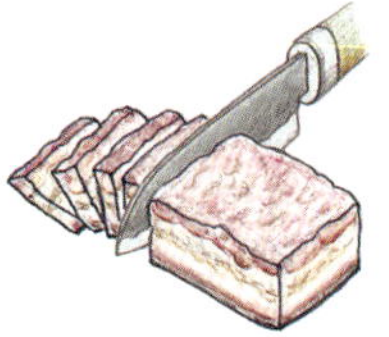

下ごしらえ
スーチカーの両端を切り落とし、厚さ 1 cm 程度に切り分ける。（大きさは盛りつけを考えて決める）

味つけする

2

味つけする
フライパンに砂糖・しょう油を少量入れて火をつけ沸騰させる。（味をみる）
焦げないよう火力に気をつけながらスーチカーを入れ、タレをさっとからめ皿に取る。（もともとスーチカーには塩味が少しついているので、味はうすめにつける）

薄力粉をつける

3

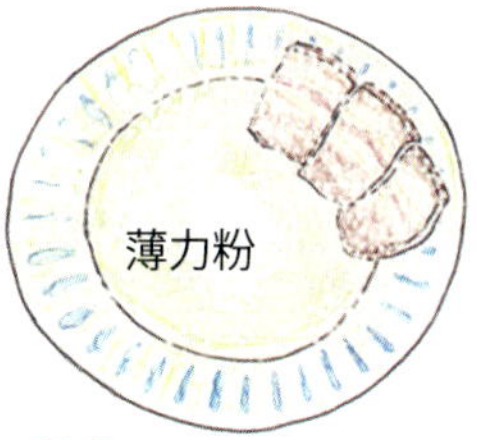

薄力粉をつける
味を付けたスーチカーに薄力粉を薄くつける。

溶き卵をぬる

4

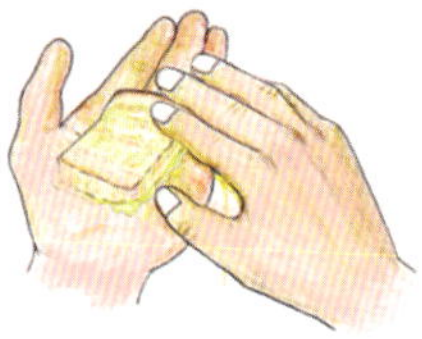

溶き卵をぬる
器に卵 1 個を割り入れてほぐし、指でスーチカーにぬりつける。

油で焼く

5

油で焼く
フライパンについたしょう油をタオルペーパーでふき取ったあと、サラダ油をひいて中火で両面をさっと焼く。

6

余分な油を吸いとる
タオルペーパーで余分な油を吸いとる。

新作重箱料理
その１

手早くできて、冷めてもおいしい！

スーチカーのねぎ巻き

準備するもの

・スーチカー　300g
・にんじん（小）　１本
・ごぼう（細）１本
・細ねぎ　１束
・サラダ油

★**味つけ**
味塩こしょう

スーチカー

●豚肉に塩を十分にすり込み、甕《かめ》や樽《たる》に積み重ねて芭蕉の葉をかぶせて保存したのが「スーチカー」（スーチキーとも）。寒空の下でスーチカーをつくるときの母の笑顔、正月も過ぎてときどき食卓にのぼる「スーチカー」の味は今でも忘れられない。「スーチカーは小出しにして使い、長く持たせるのが賢い」とは母の口ぐせ！

●もう一つ、保存食として年中使っていたのが「ラード」。豚の脂身を火にかけて煮とかしてつくる。ラードを使った料理は独得のコクが出て、一味ちがった。ラードを取った残りの脂かすは「アンダカシー」という。みそ汁にアンダカシーがポカリポカリと浮いていると、なぜだかそれだけで嬉しくなった。親の目を盗んで手に入れたアンダカシーはたいせつなおやつ。

ゆんたくひんたく

下ごしらえ

1

ごぼうの皮をむく

5 cm ほどカットしたアルミホイルをクシャクシャにしてはさみ、水を流しながらこすると簡単にむける。

2

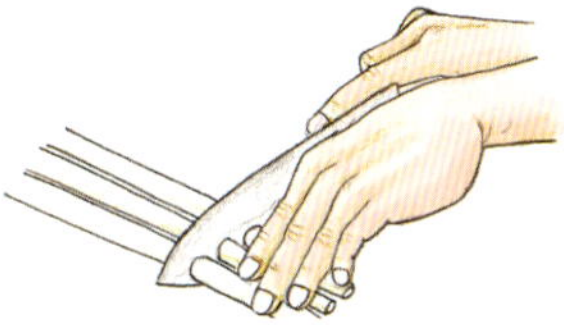

均等に切りそろえる

ごぼうは太い部分はたて二つ割りにする。長さは指四本分くらいを目安にする。

3

材料を切りそろえる

にんじん、スーチカーは８ミリ角くらいの棒状にし、ごぼうの長さに合わせて切りそろえる。

油で焼く

7

油で焼いて味つけする

フライパンに油を薄くひき、軽く焼きつけながら味塩こしょうで味つけする。

ゆでる

4

ごぼう、にんじんをゆでる

ごぼう、にんじんの順にゆでる。くしが通るぐらいがめど。

5

細ねぎをゆでる

ねぎはゆですぎないように注意しよう。色が濃くなったらすぐに取り出し、水洗いする。

材料をねぎでまく

6

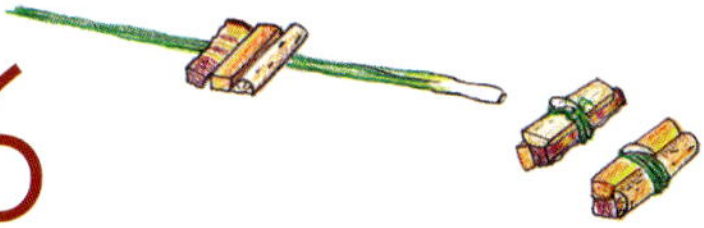

ねぎでまく

ゆでたごぼう、にんじん、スーチカーをワンセットにして、ねぎ１本でぐるぐるに巻いて結ぶ。

新作重箱料理
その１

ごぼうの煮つけ

手早くできて、冷めてもおいしい！

下ごしらえ

準備するもの

・ごぼう　２本

★味つけ（煮つけは皆同じ。量が多ければ同じ割合でふやす）

しょう油　大さじ２
みりん　大さじ１
砂糖　大さじ２
和風だしの素　適宜

1

皮をむく

5 cm ほどカットしたアルミホイルをクシャクシャにしてはさみ、水を流しながらこすると簡単にむける。

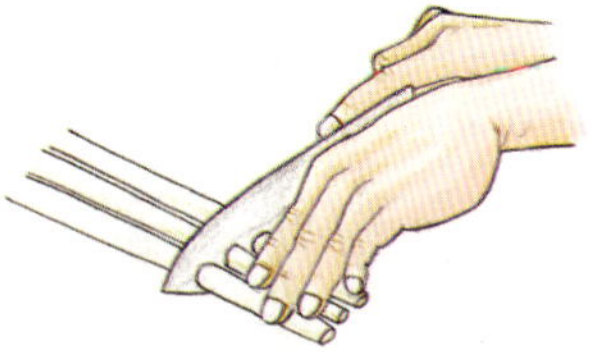

2

均等に切りそろえる

重箱に詰めるときのサイズに合わせ均等に切る。長さは指四本分を目安にするとよい。太い部分はたて二～四つ割りにする。

味つけする

4

味をつくる

分量の調味料を合わせる。

ゆでる

3

ゆでる

竹串がとおるくらいまでゆでる。ごぼうはにおいが強いので大根といっしょにゆでない。

5

味つけする

なべに合わせた調味料を入れて煮立たせ、ゆでたごぼうを入れて中火で汁がなくなるまでからめながら煮る。

新作重箱料理
その1

大根の煮つけ

手早くできて、冷めてもおいしい！

準備するもの

・大根　1/2本

★味つけ（煮つけは皆同じ。量が多ければ同じ割合でふやす）

しょう油　大さじ2
みりん　大さじ1
砂糖　大さじ2
和風だしの素　適宜

下ごしらえ

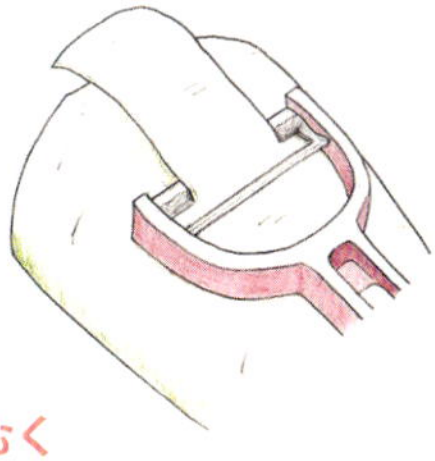

1
皮をむく
ピーラーで皮をむく。

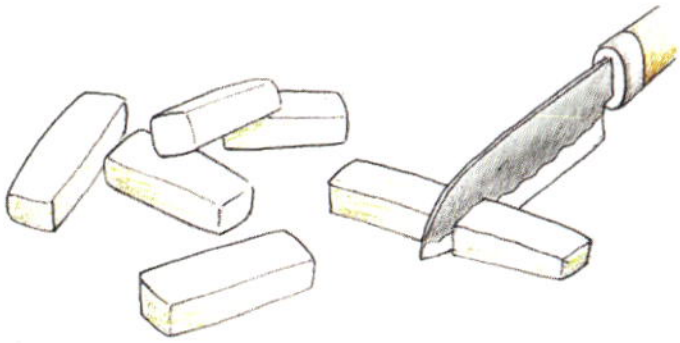

2
均等に切りそろえる
重箱に詰めるときのサイズに合わせ均等に切る。長さは指四本分を目安にするとよい。煮くずれしないよう面取りをする。

ゆでる

3
ゆでる
竹串がとおるくらいまでゆでる。

味つけする

4
味をつくる
分量の調味料を合わせる。

5
味つけする
なべに合わせた調味料を入れて煮立たせ、ゆでた大根を入れて中火で汁がなくなるまでからめながら煮る。

新作重箱料理
その1

昆布の煮しめ

手早くできて、冷めてもおいしい！

返し昆布はこうして作ってネ！

準備するもの

・むし昆布　1枚

★味つけ（煮つけは皆同じ。量が多ければ同じ割合でふやす）

しょう油　大さじ2
みりん　大さじ1
砂糖　大さじ2
和風だしの素　適宜

祝いの膳

●祝いのときは「結び昆布」、仏事は「返し昆布」、使い分けるのがしきたりだとか。昆布は「よろこぶ」に通じる縁起のよい食品とも……。

●沖縄では「マンサン」（誕生祝い）、「サキムイ」（婚約）、「トゥシビー」（生年祝い）などの祝いの膳には「クーブイリチー」（昆布の炒め煮）はつきもの。

●王府時代には「昆布座」というお役所ができたほどだという。沖縄人の昆布好きは今も変わらない。

ゆんたくひんたく

下ごしらえ

1

水洗いし、結び目をつくって切り取る

むし昆布は水洗いしたあと、少し水につけてもどし、結び目を同じ間隔につくり、切りはなす。

ゆでる

2

ゆでる

やわらかくなるまでゆでる。

味つけする

3

味をつくる

分量の調味料を合わせる。

4

味つけする

なべに合わせた調味料を入れて煮立たせ、ゆでた昆布を入れて中火で汁がなくなるまでからめながら煮る。

返し昆布の作り方

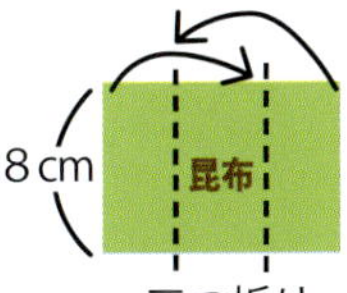

1

8センチほどの長さに切った昆布の両端を折りたたむ。

2

中央に切り目を入れる。

3

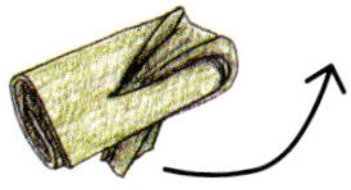

片方の端を上から中央の切り目に入れる。

4

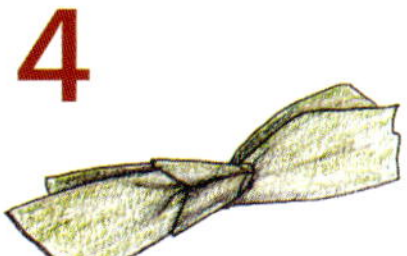

下に通した端を引き出す。

揚げ豆腐

手早くできて、冷めてもおいしい！

卵は手で
こうして
ぬってネ！

準備するもの

・とうふ半丁
・サラダ油

★**味つけ**
味塩こしょう少々

★**ころも**
卵1個（とき卵）

豆腐は母の味

1960年代の初め頃まで、地方では豆腐といえば自家製がふつうであった。日干しした大豆を石うすで半割りにすることから始まる。にがりも近くの海から汲んできた海水を使った。

豆腐づくりの朝は早い。明けやらぬ五時頃から母のうすをひく音が聞こえてくる。石うすの重くて鈍い音に豆の皮がはじける乾いた音がまじる。豆腐づくりの音である。豆乳から出るカス（おから）は「トーフヌカシー」といって食用にするほか、家畜のエサにもなった。トーフヌカシーといい、固まったハクドーフ（箱豆腐）といい、残りもののクンスーといい、豆腐は母の味だった。

多彩な豆腐料理の一つが重箱にはかかせない「揚げ豆腐」。塩味だけが頼りのシンプルな調理法だが、島豆腐特有の濃厚な味は変わらない。

ゆんたくひんたく

下ごしらえ

1

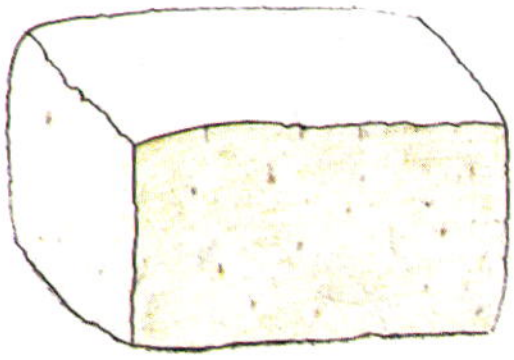

形を整える
豆腐の両端を切り落として形を整える。

2

サイコロ状に切る
半丁の豆腐を 16 個に切る。

味塩こしょう

3

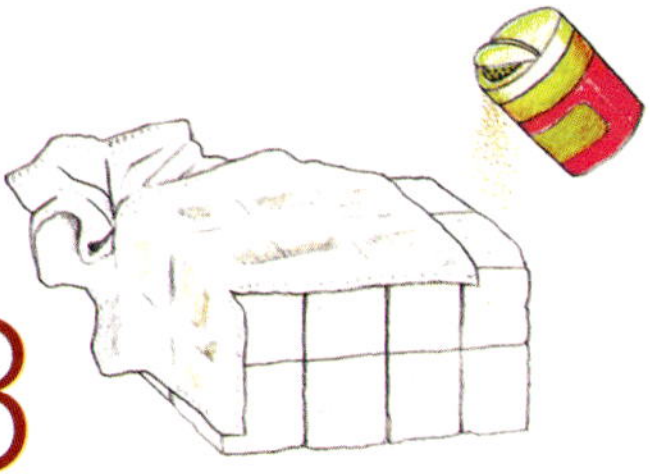

味塩こしょうをふる
ペーパータオルで豆腐の水分をとり、1個ずつ味塩こしょうをかるくふっておく。

とき卵をつける

4

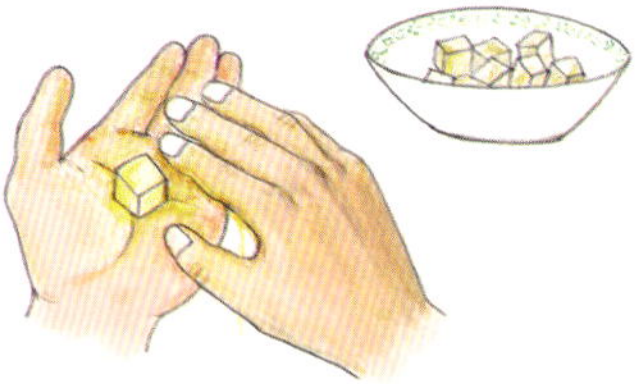

とき卵をつける
豆腐を1個ずつ手に取り、とき卵を全体にぬりつける。

揚げ豆腐は重箱料理の定番！

油で揚げる

5

油で揚げる
揚げ油で少し色づく程度に揚げる。とき卵をぬっているので、豆腐がくっつかず、形がくずれない。

新作重箱料理
その1

さやいんげんの天ぷら

手早くできて、冷めてもおいしい！

野菜天ぷらは
ウチャワキ料理の
人気もの！

準備するもの

・さやいんげん　1袋
・にんじん（小）　1本
・魚肉ソーセージ　1本
・サラダ油

★ころも
薄力粉、卵1個、水
塩、和風だしの素（適宜）

ゆんたくひんたく

大胆にシンプルに

具にも、ころもにも薄い塩味をつけて揚げるのが沖縄風天ぷら。和風の天ぷらと違い天つゆはいらない。さやいんげん・にんじん・魚肉ソーセージをワンセットにし、棒状に揚げた天ぷら。形は大胆でも切り口は三色すみれのように可憐。味つけは塩味だけのシンプルなもの。

祖先供養でもありながら、祝いごとでもある「シーミー」の重箱に彩りを添えてくれる一品。魚肉を使うという伝統の「ウサンミ」の仲間入りもできる。

下ごしらえ

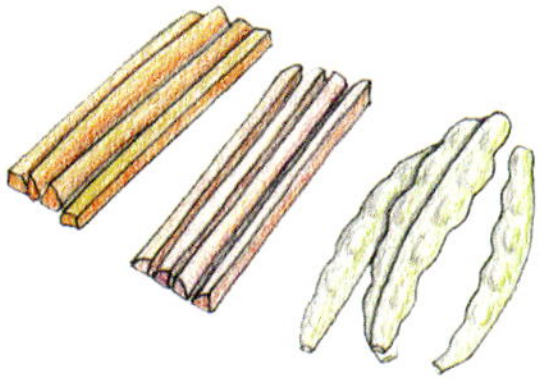

1

材料を切りそろえる

さやいんげんはヘタとすじをとる。にんじんとソーセージはさやいんげんの長さに合わせて切りそろえる。にんじんは８ミリ角くらいに。

ゆでる

2

さやいんげんをゆでる

３～４分くらいゆでる。ゆでたあと水にとると色がきれい。

3

にんじんをゆでる

にんじんは少し硬めにゆでる。

ころもをつくる

4

ころもをつくる

ボールに卵１個を割り入れてほぐし、水をたしてまぜる。塩、和風だしの素を入れたあと、薄力粉を入れてまぜ、ころもをつくる。

油で揚げる

5

油で揚げる

材料がばらばらにならないよう気をつけて揚げる。

手早くできて、冷めてもおいしい！

新作重箱料理　その二

子どもの喜ぶ一品を

新作重箱料理その二では、その一の「ごぼうの煮つけ」と「さやいんげんの天ぷら」にかえて「タロいものから揚げ」と「イカの巻き揚げ」をいれました。

どれが「子どもの喜ぶ一品なの？」と首を傾げる方がいらっしゃるかもしれません。

タロいもについては次の頁の「ゆんたくひんたく」で少しとりあげました。特

七品

- スーチカーの三枚肉
- スーチカーのネギ巻き
- 大根の煮つけ
- 昆布の煮しめ
- 揚げ豆腐
- タロいものから揚げ
- イカの巻き揚げ

※色文字のメニューは新作
重箱料理のその一と同じ

きゅうりは
のりの長さと
あわせてから、
半分に切ってネ！
（イカの巻き揚げ）

に決まった収穫期がなく、年中利用できることから、いろいろな儀礼に用いられてきたようです。

　カリッと揚げて甘辛いタレをからめたタロいもは一味違います。冷めてもほとんど気にならず味落ちすることもありません。子どもたちも喜んでたべてくれます。そのうえ、田いもにくらべて経済的とくれば、主婦の強い味方です。

　イカの天ぷらは重箱料理の定番だとされていますが、今回はイカときゅうりとポルトギューソーセージではさみ、のりで巻くという鉄火巻き風の形にしてみました。

　一口大にななめに切り落とすと、切り口のオレンジ・白・緑の彩りが見た目にもきれいで、重箱がはなやかになります。淡白なイカとピリッとしたポルトギューソーセージの味が絶妙なハーモニーを奏でてくれます。子どもたちも「お寿司みたい」と大はしゃぎです。

新作重箱料理
その2

タロいものから揚げ

手早くできて、冷めてもおいしい！

甘辛のタレは子どもたちもだ〜い好き！

準備するもの

・冷凍のタロいも
　（田いもでも）　１袋
・サラダ油

★**味つけ**（小判揚げと同じ味つけ。量が多ければ同じ割合でふやす）
　砂糖　大さじ５
　しょう油　大さじ５
　ショウガ汁少々

ターンムとチンヌク

●タロいもには湿地で栽培されるものと畑地で栽培されるものがある。沖縄では湿地で栽培されるものを「ターンム」（田いも）、畑地で栽培されるものを「チンヌク」（里いも）という。ターンム・チンヌクの茎はいずれも食べられるが、ターンムの茎を「ムジ」といい、煮込んで食べる。

●代表的な祝料理である「ドゥルワカシー」はターンムを使った煮込み料理。行事料理の一つである「トゥンジージューシー」はチンヌクを入れた雑炊で、冬至の日に祖先にそなえ食べる習わしがある。

★タロいもは、長い間沖縄のたいせつな作物であった。

ゆんたくひんたく

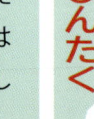

大きさをそろえる

1

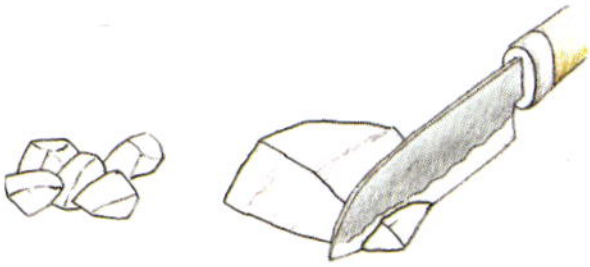

切りそろえる
冷凍のタロいもは重箱に入れるときの大きさを考えて切りそろえる。

油で揚げる

2

揚げる
こんがり色づくように揚げる。

3

余分な油をとる
ペーパータオルで余分な油を吸いとる。

タレをからめる

4

タレをからめる
なべにタレの分量の調味料を入れてふっとうさせ火を止める。その中にから揚げしたタロいもを入れてタレをよくからめる。

手づくり感いっぱいの新作重箱料理。

5

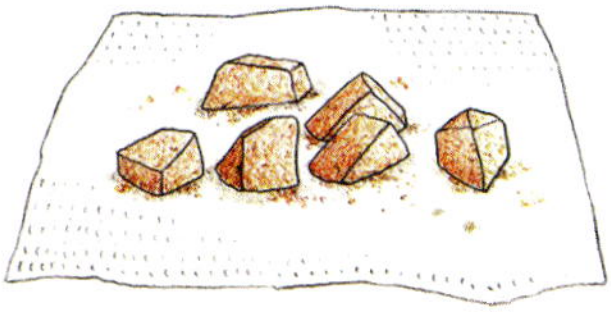

汁気をとる
タロいもについた余分なタレをペーパータオルにとって吸いとる。

新作重箱料理
その2

イカの巻き揚げ

手早くできて、冷めてもおいしい！

鉄火巻き風にして揚げたイカの巻き上げ

準備するもの

・イカの胴体（開いたもの） 半分
・きゅうり（曲がってないもの）３本
・ポルトギューソーセージ（辛口）２本
・のり（全形） ６枚
・サラダ油

★ころも
薄力粉 大さじ３
卵 ２個
塩（きゅうりの塩もみ用） 適宜
味塩こしょう
水 大さじ４

イカの巻き揚げ

ゆんたくひんたく

イカといえば「イカの墨汁」と「花イカ」が頭に浮かぶ。イカの墨汁はヒージャー汁とともにヌチグスイ料理の定番だが、今でも同好の士が多いようで、ワイワイガヤガヤと談議に花を咲かせる風景が見られる。花イカは祝い膳にはかかせない一品であったが、最近ではなかなかお目にかかれなくなった。

イカの天ぷらは重箱料理の定番の一つだが、今回は少しアレンジし、イカを真ん中にきゅうりとポルトギューソーセージではさみ、鉄火巻き風に仕上げころもをつけて揚げた。ななめに切り落とした切り口の三色が重箱に彩りを添えてくれた。チョイ辛のポルトギューソーセージの味が生きている。

下ごしらえ

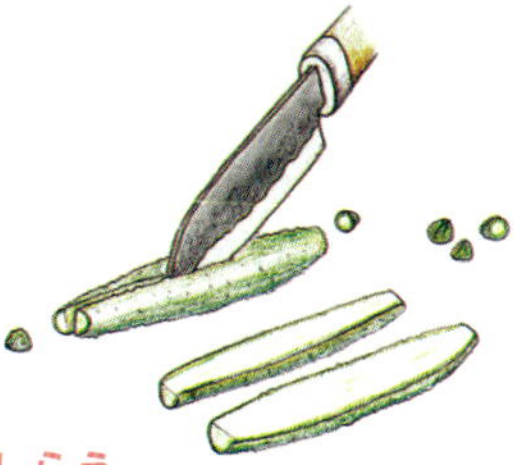

1
下ごしらえ
きゅうりは水洗いし、のりの幅に合わせて上下を切り取り、たて半分に切る。

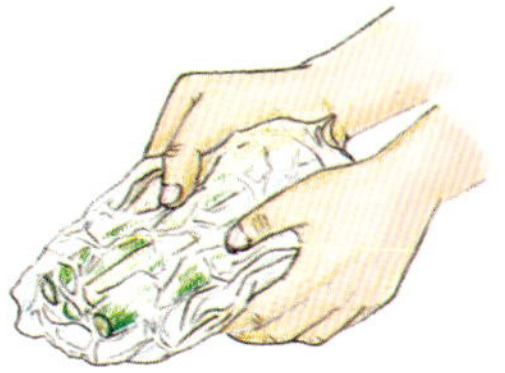

2
塩でもむ
ビニール袋に切ったきゅうりと塩を入れよくもむ。

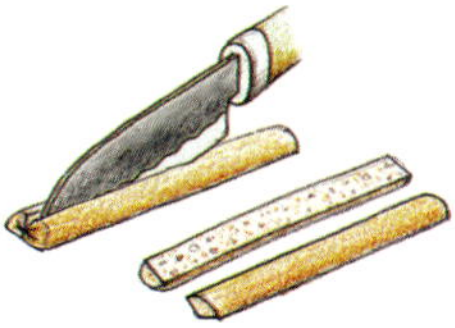

3
ポルトギューソーセージを切る
きゅうりと同じようにのりの幅に合わせて上か下を切り取り、たてに三等分する。

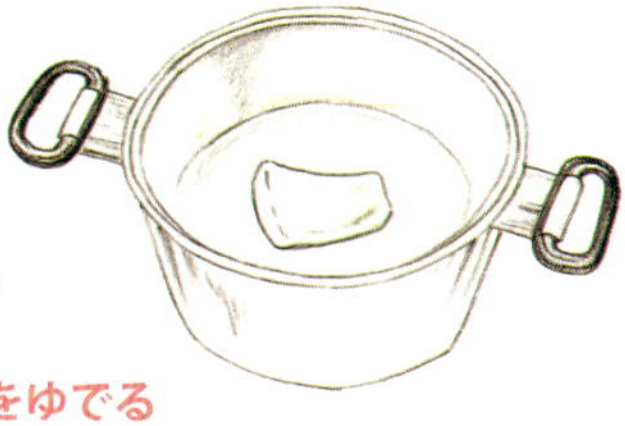

4
イカをゆでる
沸騰したお湯にイカを入れてでさっとゆでる。

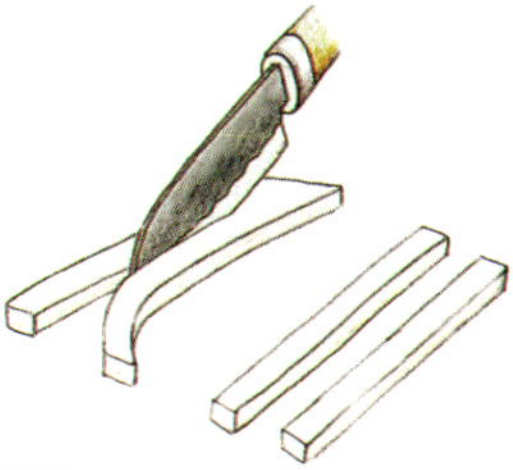

5
イカを切る
ゆでたイカはきゅうりなどと同じ長さに、たてに切る。

のりで巻く

6
のりで巻く（のりはたて長におく）
ポルトギューソーセージ、イカ、きゅうりを重ねてのりの手前から巻く。のりの最後の部分に指で水をしめらせてくっ付ける。

ころもをつくる

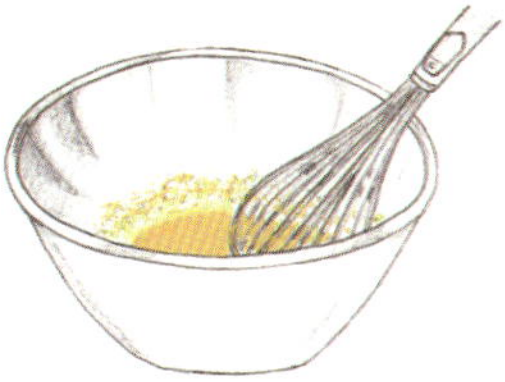

7
ころもをつくる
ボールで卵をとき、水、塩、味塩こしょうを加えてまぜ、薄力粉を入れてころもを薄めにつくる。

油で揚げる

8
揚げる
ころもをつけて揚げる。油を切ったら両端を切りそろえ、二等分し、それを中央でななめに切る。

手早くできて、冷めてもおいしい！

新作重箱料理　その三

大胆にチャレンジ

お歳を召した人の中には「こんなものは重箱料理じゃない」とご立腹なさる方がいらっしゃるかもしれません。

「筑前煮」という他県（福岡県）の郷土料理が入っているかと思えば、たとえ馴染みの深いスルルー（きびなご）を素材としているとはいえ「きびなごのマリネ」という西洋料理が入っていたりします。また、そのほかの料理にしても皆さんが頭に描いていらっしゃ

七品

- 大根の煮つけ
- イカの巻き揚げ
- 糸こんにゃくの煮つけ
- 筑前煮
- なすのはさみ揚げ
- タロいもの小判揚げ
- きびなごのマリネ

※白文字のメニューは新作重箱料理のその一、二と同じ

スルルーはカリッと揚げてネ！

る伝統料理とはずい分イメージが違うと思います。それだから「大胆なチャレンジ」ということになるのです。

伝統や形にこだわらず、「残さず食べきる」ことをテーマに創作してみました。

伝統を軽んじてはいけませんが、そのことにかたくなになるあまり、残った重箱料理の処分に頭を悩ますというのもいいことではありません。

「ウサンデーサビラ」と唱えてそなえた供物や重箱料理をさげます。ウサンデーとは「直会《なおらい》」のことで、供物をさげていただく意味があります。それだからこそ残さず食べきってしまうことが祖先や神々への供養ということにもなるのです。

ウサギムンの果物の種類も変わり、ムイグワーシも変わりました。重箱料理だけは昔ながらのものをと強いこだわりを見せる心情はよく理解できますが、時代にあったものを創り出していく工夫も必要なことです。

糸こんにゃくの煮つけ

手早くできて、冷めてもおいしい！

準備するもの

・小結糸こんにゃく　１袋

★味つけ（煮つけは皆同じ。量が多ければ同じ割合でふやす）

しょう油　大さじ２
みりん　大さじ１
砂糖　大さじ２
和風だしの素　適宜

味つけする

1

調味料を合わせる

分量の調味料を合わせて鍋に入れる。

2

味つけする

調味料が煮立ったら、糸こんにゃくを入れて中火で汁がなくなるまでからめながら煮る。

重箱料理のイメージを変えて！

新作重箱料理
その3

筑前煮

手早くできて、冷めてもおいしい！

準備するもの

・筑前煮の具　1袋
(パック入り)
・とりの胸肉
　2枚入り1パック
・いんげん豆　少々

★味つけ（煮つけは皆同じ。量が多ければ同じ割合でふやす）

しょう油　大さじ2
みりん　大さじ1
砂糖　大さじ2
和風だしの素　適宜

下ごしらえ

1
とり肉を切る
とりの胸肉は一口大の乱切りにする。

ゆでる

2
筑前煮の具をゆでる
材料の具をやわらかくなるまでゆでる。

味つけする

3
とり肉の味つけをする
分量の調味料を合わせて煮立たせ、とり肉を中火で7～8分ほど煮たら、いったん鍋から取り出す。

4
筑前煮の具を味つけする
とり肉を取り出した後、ゆでた筑前煮の具を入れて味をからめながら10分ほど煮る。

5
とり肉を加えて味をからめる
味つけしたとり肉を加えてからめ、器に盛る。ゆでたいんげん豆をスライスして上にかざる。

新作重箱料理
その3

なすのはさみ揚げ

手早くできて、冷めてもおいしい！

準備するもの

・なす　2本
・とりのひき肉　300g
・玉ねぎ　1/2個
・パン粉　少々
・薄力粉　少々
・味塩こしょう
・サラダ油

★ころも
薄力粉、卵1個、塩、
和風だしの素　適宜

たねは入れ過ぎないのがコツ！

姑の嫌みとなすのおいしさ

ゆんたくひんたく

●「秋なす　嫁に食わすな」という、チョイといやらしいことばがある。秋なすは嫁に食べさせるのも惜しいくらいうまいということ。こんなことを言う姑を憎らしいと考えてはダメ。なすはそれほど美味で栄養価が高いということ。昔から便秘を予防し改善するヌチグスイ野菜の一つとされていた。

●しっとりしたなすの触感を楽しみたいなら「なすのみそ田楽」がおすすめ。調理もいたって簡単。なすを素揚げにし、田楽みそをつければ出来上がり。食欲の細る夏場にはもってこいの一品だヨ。

★なすをアク抜き（水で）するとよりおいしくいただけるヨ。

下ごしらえ

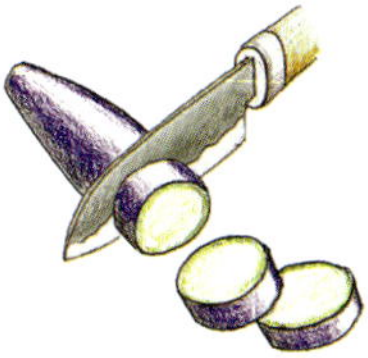

1

なすを切る

なすはななめに2センチくらいの幅に切る。一切れずつ真ん中2/3位まで切り目を入る。

2

玉ねぎのみじん切り

玉ねぎをみじん切りする。

3

とりのひき肉をこねる

とりのひき肉に玉ねぎのみじん切りとパン粉を加え、味塩こしょう、和風だしの素少々を入れよくこねる。

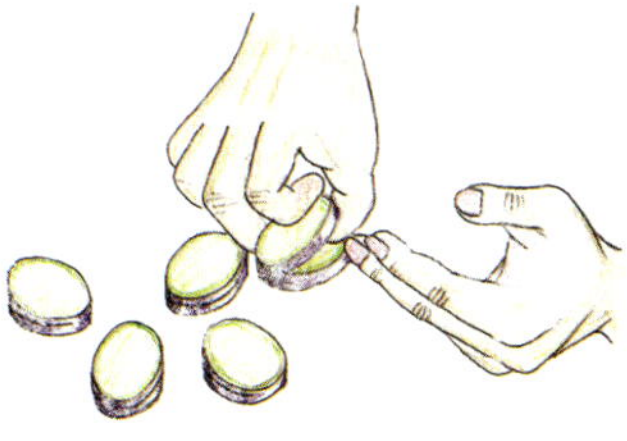

4

なすに薄力粉をつける

なすの外側と切り目の中に味塩こしょうをふったあと、うすく薄力粉をつける。

たねをはさむ

5

たねをはさむ

切り目がさけないように気をつけながらたねを小さく丸めてはさむ。

衣をつくる

6

衣をつくる

ボールに卵を割り入れ、よくといたら塩、和風だしの素少々を入れてまぜる。薄力粉を入れてダマがなくなるようにまぜる。

油であげる

7

油で揚げる

たねをはさんだなすに衣をつけて油で揚げる。

新作重箱料理
その3

タロいもの小判揚げ

手早くできて、冷めてもおいしい！

準備するもの

・冷凍のタロいも
（田いもでも） 800g
・パン粉 150～200g
・砂糖 大さじ5
・サラダ油

★味つけ（量が多ければ同じ割合でふやす）
砂糖 大さじ5
しょう油 大さじ5
水 大さじ3～4
ショウガ汁 少々

ウチャワキ料理で大人気！

ちんちん ちんぬく じゅうしいめー

「今日ぬ夕飯 何やがて ちんちんちんぬくじゅうしいめー」、「豆腐臼ぬ 廻とんどう くんくんくんすう七まかい」。いずれも沖縄民謡「ちんぬくじゅうしい」の歌詞である。子どもの頃、わらべ唄がわりに一度や二度口ずさんだ経験をお持ちだろう。何とも郷愁を誘う歌詞だが、ちんぬくじゅうしいもくんすうもポピュラーな家庭料理だった。

チンヌク（里いも）・ターンム（田いも）は、水温の低い水が流れ込むような湿地に適している。作付けしてから一年程度で成熟するが、特に収穫期がなく、周年利用できる。

ゆんたくひんたく

下ごしらえ

1

タロいもを蒸す

冷凍のタロいもをやわらかくなるまで約 15 分程度蒸す。

2

つぶす

蒸したタロいもを熱いうちにつぶし、砂糖とつなぎのパン粉を加えてよくまぜる。

3

こねる

よくつぶしたタロいもをこねる。

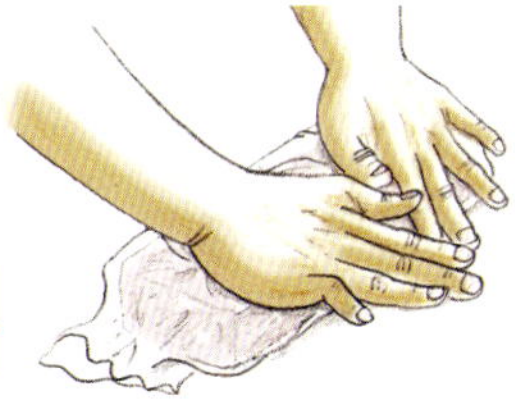

4

形をととのえる

こねたらビニール袋に入れて形を棒状にして枕のように平たくする。

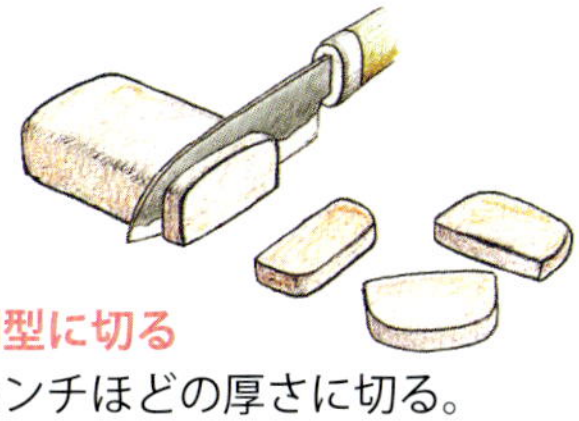

5

小判型に切る

1センチほどの厚さに切る。

たれを作る

6

たれを作る

調味料を合わせて鍋で沸騰させ、火を止める。

油で揚げる

7

揚げる

きつね色になるまで油で揚げる。

味つけする

8

味をつける

揚げたタロいもは一度油を切り、たれの中につけてからませる。

9

汁気をとる

たれをよくからませたら、タオルペーパーで余分な汁気をとる。

新作重箱料理
その3

きびなごのマリネ

手早くできて、冷めてもおいしい！

スルルー（きびなご）は揚げたてを
野菜の上にのっけてネ！

準備するもの

・きびなご　400g
・玉ねぎ　1/2 個
・トマト　1/2 個
・ピーマン（小）1 個
・レモン　1/2 個
・薄力粉　少々
・サラダ油

★味つけ（マリネ）
酢　大さじ1
砂糖　大さじ2
しょう油　大さじ2

ゆんたくひんたく

なつかしい漁村風景

●「スルル小が　寄ててんどう　ヘイ」このセリフから「谷茶前節」がすぐさま頭に浮かぶ人は年輩の方か沖縄民謡に通じた人。スルルー（和名きびなご）を行商する若い娘たちの姿をコミカルに歌い踊る谷茶前節は、かっての沖縄の漁村の風俗をみごとに表現したものだ。産卵期の近づいたスルルーは岸辺に寄ってくる。それを獲って食用にしたのだ。

●重箱料理にいかに魚料理とはいえ、マリネという西洋料理を入れるなんて型破りもいいとこ、なんて声も聞こえてきそうだが、素材は昔なつかしい「スルルー」。スルルーなんてどんな魚？という若い人も多いかも。

★若さぎを使ってみるのもおもしろいヨ。漬け汁に漬けるので身がやわらかくなり、保存もきく。

下ごしらえ

1

玉ねぎとピーマンを切る

玉ねぎは半分を薄くスライスして水にしばらくつけたら水を切っておく。ピーマンはヘタと中の種をとり輪切りにスライス。

2

トマトとレモンを切る

トマトは半分に切ってそれを薄く切る。レモンも輪切りにスライスする。

味をつくる

3

ドレッシングをつくる

マリネのドレッシングをつくる。

油で揚げる

4

揚げる

きびなごは薄力粉をかるくまぶし、よぶんな粉を落として油でカラッと揚げる。

5

野菜にのせる

準備した野菜の上に揚げたてのきびなごをのせる。

味つけする

6

味をからめる

切った野菜に揚げたてのきびなごを加え、合わせておいたドレッシングをかけてまぜ、味をからめる。

マリネは汁がでるので、ラップで包むようにして重箱に詰める。

三月お重は華やかに！

三月お重《サングワッチウジュウ》・初お重《ハチウジュウ》

彩色華やかな重箱料理

浜辺での「お重開き」、あのドキドキ感、ワクワク感が今でもよみがえってきます。

母の手づくりの彩色華やかな海・山の幸を詰めたお重、よもぎもち、三月菓子を詰めた「三月お重」にどれほど心弾ませたことでしょう。

女の子の初めての浜下りを祝う「初お重」にどれほど母のぬくもりを感じたことでしょう。

その日に、家族そろってピクニック気分で出かけ、潮干狩りを楽しみ、三月お重のかわりに手軽な弁当を

八品

- 三枚肉の煮つけ
- 魚の天ぷら
- 魚の昆布巻き
- 赤かまぼこ（市販品）
- 花イカ
- 寒天
- 三月菓子
- よもぎもち

よもぎもちを詰めたお重は、やはり特別のもの。

手づくりのごちそうは母のぬくもりそのもの。

ひろげるというのが、今流の浜下り風景。

浜の白砂を踏んで身を浄めるという意識も薄れ、浜辺でのお重開きに心ときめかす感覚も鈍くなってしまったのでしょうか。その由来となった「アカマター伝説」に耳をそばだてるのも時代遅れなのでしょうか。

清浄な白砂を聖なる儀式の祭場に敷きつめるという古《いにしえ》の風習に思いをめぐらすのも素敵なこと。せめて「初お重」は、母のぬくもりのある手づくりの料理にしたいものです。

3月お重
旧暦3月3日

三枚肉の煮つけ

三月お重は華やかに！

準備するもの

・豚三昧肉　600g

★味つけ（量が多ければ同じ割合でふやす）

しょう油　大さじ2
砂糖　大さじ3
酒　大さじ1
水　50CC
サラダ油　少々
和風だしの素　適宜

ゆでる

1

豚の三枚肉をゆでる

三枚肉は水洗いし、皮を下にして沸騰したお湯に入れ、弱火で30分ほどゆでる。（くしが通ったらよい）

切る

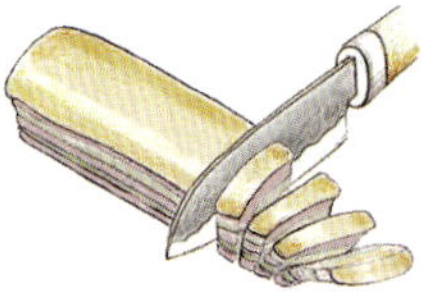

2

三枚肉を切る

三枚肉は重箱に詰めることを考えて切りそろえる。厚さは約1センチくらい。

味つけする

3

味つけをする

分量の調味料を中華なべなどで煮立たせ、切った豚肉を入れて強火で味をからませる。最後にサラダ油を少し入れてテリを出す。

3月お重
旧暦3月3日

魚の天ぷら

三月お重は華やかに！

魚の天ぷらは、重箱に詰めるために両端を切りそろえる。

準備するもの

・天ぷら用魚　1パック
（メルルーサ又はキング）
・サラダ油

★ころも
薄力粉　2/3 カップ
卵 1 個
水　1/2 カップ
塩　小さじ 1
和風だしの素　適宜

ころもをつくる

1

ころもをつくる

ボールに卵 1 個を割り入れてほぐし、水をたしてまぜる。塩、和風だしの素を入れたあと、薄力粉を入れてまぜ、ころもをつくる。

あまったころもと残りものの野菜（ごぼうとにんじんのささがき）でかき揚げをつくる。味はバツグン！

油で揚げる

2

揚げる

魚にころもをたっぷりつけて、きつね色になるまで揚げる。

3月お重
旧暦3月3日

魚の昆布巻き

三月お重は華やかに！

準備するもの

・天ぷら用白身魚　２パック
・むし昆布　２枚

★味つけ
しょう油　大さじ２
砂糖　大さじ４
みりん　小さじ２
水　少々
和風だしの素　適宜
千切りしょうが　少々

天ぷら用白身魚

昆布で巻く

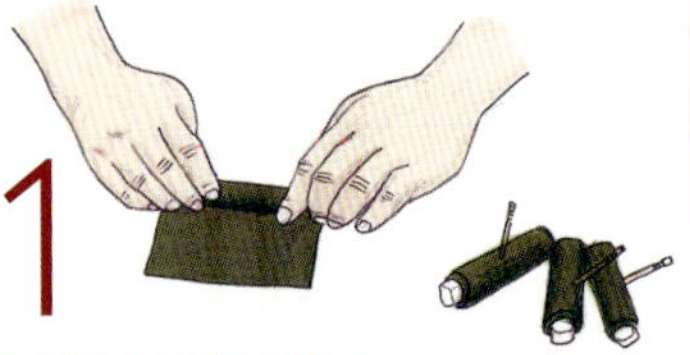

1
もどした昆布で巻く
水でもどした昆布を、13～14センチの長さに切り、魚を手前のほうに乗せてくるくると巻き、爪楊枝で留めておく。

まとめる

2
まとめて留める
昆布で巻いた魚を、3～4本分をひとまとめにして爪楊枝でさして留める。

煮る

3
煮る
鍋に調味料としょうがを入れて沸騰させ、昆布巻きを入れて昆布がやわらかくなるまで弱火で煮る。重箱に盛りつける時に、サイズに合わせて両端を切り取る。

3月お重
旧暦3月3日

花イカ

三月お重は華やかに！

準備するもの

・イカ　１パック

★色づけ
食紅　大さじ１

下ごしらえ

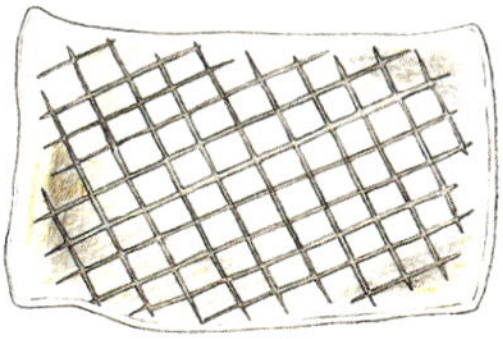

1
切り目を入れる
皮のある方を上にして、表面に格子状に切り目を入れる。

切るとき、くるくるに巻いて切る。
花が咲いたみたいに華やかにネ！

ゆでる

2
色づけしながらゆでる
沸騰したお湯（イカがひたひたになるくらい）に食紅を入れ、そこへイカを入れて色づけしながらゆでる。

切る

3
切る
イカはたて二つに切り分ける。それをよこにして１センチ幅に切りそろえる。

寒天

三月お重は華やかに！

準備するもの

・棒寒天（赤）　1本
・水　500cc

★味つけ
砂糖　120g

洗う

1
水につけて洗う
ボールに水をためて棒寒天をつけ、やわらかくなったら軽くもみ洗いする。

しぼる

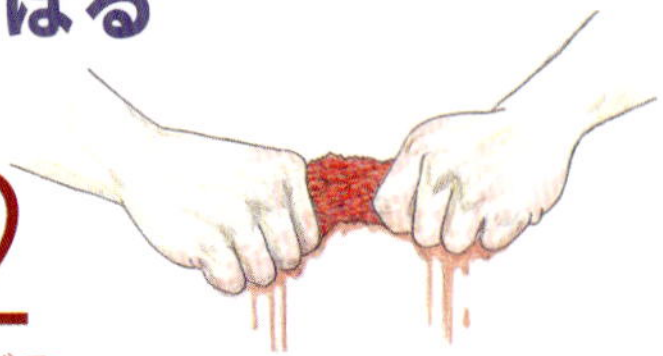

2
しぼる
寒天をしぼって細かくちぎる。

煮てとかす

3
分量の水で煮る
鍋に分量の水とちぎった寒天を入れて沸騰したら弱火にし、かきまぜながら煮て溶かす。

味つけする

4
砂糖を加える
砂糖を加えてかきまぜ、とけたら火を止める。

冷やし固める

5
冷やし固める
バットなどに寒天を流し込み、あら熱がとれたら、冷蔵庫で冷やして固める。

3月お重
旧暦3月3日

三月菓子

三月お重は華やかに！

準備するもの

・薄力粉　500グラム
・砂糖　350グラム
・卵（MS）　5個
・ベーキングパウダー　大さじ1
・サラダ油　大さじ1
・サラダ油（揚げ用）

下ごしらえ

1 とき卵をつくる
ボールに卵を全部割り入れてよくとく。

2 こし器でこす
といた卵はこし器でこす。

3 砂糖、サラダ油をいれる
卵に砂糖、サラダ油を加えてまぜる。

4 薄力粉をふるっておく
別のボールに薄力粉、ベーキングパウダーをふるっておく。

5 まぜてよくこね、ねかせる
ふるった薄力粉に卵を加えてよくこね、冷蔵庫で2時間ほどねかせる。

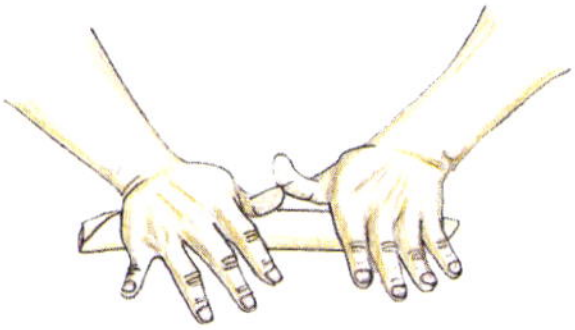

6 棒状にのばす
まな板の上に薄力粉をかるくふり、その上で棒状にのばす。

切る

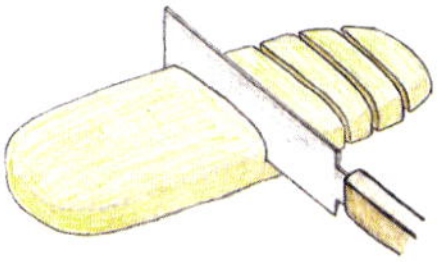

7 形を整え、切る
包丁の腹でまっすぐに形をととのえ、1センチくらいの厚さに押しつぶし、幅2センチくらいに切る。

揚げる

8 揚げる
最初は低温にし、ゆっくり揚げる。

3月お重
旧暦3月3日

よもぎもち

三月お重は華やかに!

準備するもの

★皮
・もち粉　500 g
・砂糖　200 g
・よもぎ（フーチバー）
200 g
・水　250CC

★あん（タロいも）
・タロいも
（田いもでも）　400 g
・砂糖　300 g
・紅いも粉　大さじ２
・パン粉　大さじ１～２

あんをつくる

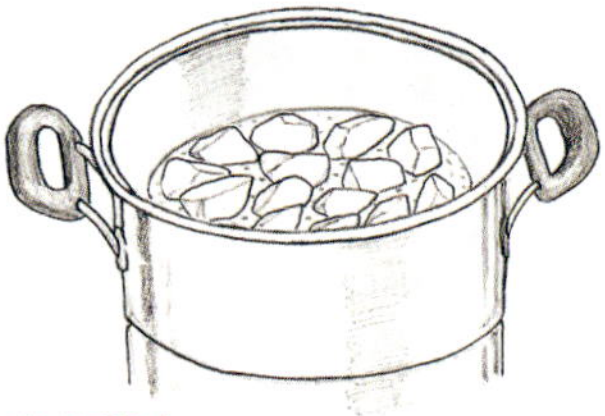

1
タロいもを蒸す
沸騰させた蒸し器に冷凍のタロいもを入れて蒸す。

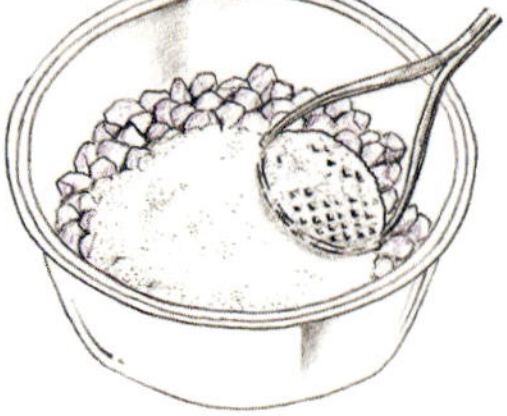

2
つぶして砂糖を加える
別の容器に移し、つぶしながら砂糖を加えてまぜる。

3
紅いも粉をまぜる
タロいもが冷めたころ、紅いも粉を加えてまぜ込む。冷めてからまぜると、紅いも粉の紫の粒が残って色がきれいに出る。

4
パン粉を加える
つなぎにパン粉を加える。

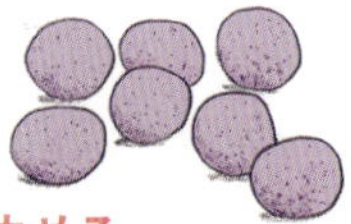

5
同じ大きさに丸める
バットなどに１個約 40g をめどに丸める。

皮をつくる

1

よもぎの下ごしらえ

よもぎは葉をつんでよく水洗いし、さっとゆでる。ザルにとって水でさましたら、しぼってまな板でざく切りしておく。

2

ミキサーにかける

ざく切りしたよもぎに水を加えてミキサーにかける。

3

もち粉によもぎをまぜる

ボールに入れたもち粉にミキサーにかけたよもぎを入れ、よくまぜる。

よもぎをていねいにまぜていく。

4

手でこねる

力を入れてよくこねる。こねるほどねばりが出る。耳たぶくらいのやわらかさにする。

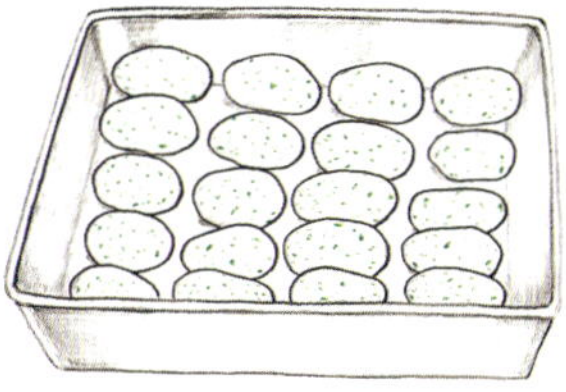

5

同じ大きさに丸める

バットなどに1個約50gをめどに丸める。

あんを包む

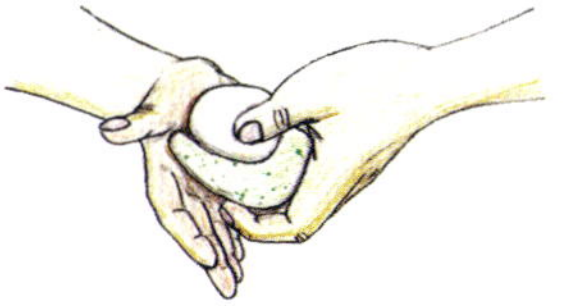

6

あんを包む

皮を手のひらではさんでのばし、あんを包んで丸め、平たく形をととのえる。

蒸す

7

蒸し器で蒸す

沸騰させた蒸し器にふきんを敷いて、その上にもちを並べ、約40分くらい蒸す。

ウイミ（折目）、シチビ（節日）の行事料理は手づくりが一番、ぬくもりが一番！

手づくりが一番のごちそう！

年中行事料理と祝い膳

フーチバー（にしよもぎ）

年中行事とウサギムン（料理）

生活の中のたいせつな区切り

「ナージューシー」・「アマガシ」・「ターンムニー」……とくれば、「ウイミ・シチビ」あるいは「年中行事」とピンとくるあなたは「ウチナー主婦」として合格です。

いずれも、毎年決まった時期に営まれる伝統的に受け継がれてきたまつりごとをあらわしたことばです。

わたしどもの世代は「ウイミ・シチビ」という古いことばでもよく理解できます。むしろ、その方がより具体的で生活と深く結びついているような気がします。逆に若い世代の方々は、「ウイミ・シチビ」といわれても「?」という人の方が多く、年中行事ということばの方が身近で親しみやすいのかもしれませんね。

ウイミは「折目」、シチビは「節日」という漢字を当てていることからも分かると思いますが、「生活の中で一つの区切り」をつけるという意味が込められているのです。

ソーグワッチ（正月）にはじまり、シチグワッチ（お盆）をはさんで、トゥシヌユール（年の夜）でしめくくる一年間の行事をつぶさに見ていくと、季節の変わり目である節句が反映されていることが分かります。と同時に農作物の種まきから収穫に至るまでの生産活動とも密接なつながりをもっていることが理解できます。

伝統的なクバの葉でつつんだ「カーサームーチー」

重労働から解放され、日ごろ味わえないごちそうに舌鼓を打ち、娯楽に打ち興じることが許される日であり、果てることのない日々の生活にたいせつな区切りをつける日でもあったのです。

一定の形式をもった儀式

年中行事は、飲めや唄えやのお祭り騒ぎをするだけの日ではありません。ウサギムンをおそなえし、神仏（カミや祖霊）の不思議な力によって病気や災いなどをのがれるように祈る（御願）という、おごそかな儀式がともないます。

　その儀式の中に、沖縄の人びとの神々への深い信仰心、死者をめぐる風習、死者の霊に対する考え方や接し方が実によく伝えられているのです。それだから、当然のことながら一定の形式をもっているのです。

「ジュウルクニチー」（十六日祭）や「シーミー」（清明祭）は、いかにして亡くなった祖先の霊をしのび供養するかをじょうずに教えてくれます。「春秋の彼岸祭」や「ジュウグヤ」（十五夜祭）は、神々に対する考え方、自然観がみごとに表現されています。「ウマチー」（稲麦の四祭）は、王国時代からの農耕儀礼をしっかり伝えているのです。

　ただ、一定の形式をもつ儀式は、無駄をはぶき能率的な生活を求める現代の人びとにとっては、古くさいならわし（因襲）に写るかもしれません。しかし年中行事は、その時代のその社会の生活のありようをきちんと伝えてくれるものなのです。

ジュウグヤとくれば「フチャギ」というほど定番の年中行事料理の一つ。

家庭の中の年中行事

　生活をとりまく環境の変化によって、年中行事の儀式もあるものは衰退し、あるものは形を変えて簡素化され、あるものは消滅したものもあります。

　ここでは、今なお家庭の中の年中行事として営まれているものをとりあげました。

　家族が健康で暮らし、穏やかで幸せな家庭生活を願う気持ちは今も昔も変わりありません。形式にとらわれる必要はありませんが、ウサギムンの一つひとつを心をこめて手づくりした祖母や母の心を伝えるのも年中行事なのです。

中城村久場では、正月の来客時には「ビラガラマチ」を出すのがしきたりという。

年中行事

1月

旧暦1月1日 ソーグヮッチ 元旦（正月）

ソーグヮッチゥワー（正月豚）も古い話となってしまい、記憶の中の風物詩となってしまいました。

ワカミジを汲み、火の神におそなえし、ウチャトゥ（お茶湯）をたてて仏だん（祖霊）に、残りでミジナディ（水撫で）をする正月風景も変わりました。いつごろからか、初日の出や初詣に人びとが押し寄せるようになりました。

豚肉づくしの正月料理にかえて、本土風のお節料理で食卓を飾る家庭もふえたようです。

新ぬ　年に　炭とぅ昆布飾てぃ……

とうたわれるように、火の神や仏だんにウカリー（黄・赤・白三色の色紙）・花米・木炭・昆布・だいだい（橙ーみかん）・花木などの正月飾りをします。

正月料理としては、特に決められたものはありませんが、豚の三枚肉を使った料理やハレの料理を神仏におそなえするのが古くからのしきたりです。

火の神・仏だんのウサギムンと料理

火の神

- 酒、花生け（フチマ・若松・竹など）
- ウカリー（三枚を一組として三組）
- ウチャヌク（三飾り）
- 炭を昆布で巻いたもの、だいだい、ターンムなど縁起の良いもの（いずれも三セット）

仏だん

- ハレの料理（ソーキ汁・チーイリチー・クーブイリチー・ターンムの田楽・中身汁・イナムドゥチなどの年越し膳）
- ウチャトゥ
- ウカリーの上に炭を昆布で巻いたもの、だいだい、ターンムなどを乗せる
- 花

年越し膳。(赤飯、イナムドゥチ、クーブイリチー、末広づけ)

末広づけの作り方

1

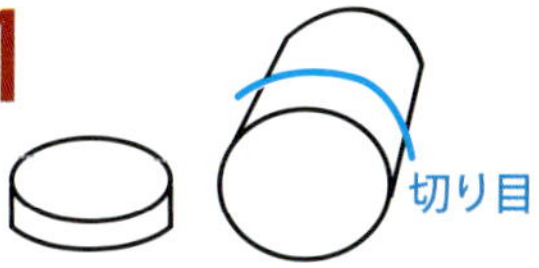

大根は皮をむいて1センチ幅に輪切りする。

2

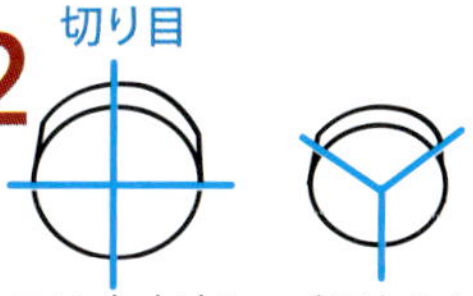

太いものは十文字に、細めのものは三等分する。

3

背の真ん中に深さ1センチくらいの切り目を入れる。

4

中央は真ん中くらいまで切り目を入れ、左右に三カ所ずつ浅く切り目を入れる。

5

ポリ袋に入れ、塩大さじ2を加えてよくまぜ、約3時間ほどおいて荒づけする。

6

汁が出るので、しぼったら今度は砂糖大さじ3を加えてよくまぜ5時間ほどおく。

7

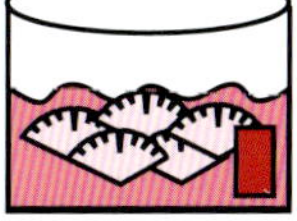

再び汁をしぼって、砂糖300gとポッカレモン1/2カップ、赤ビート(5cm×2cm)1枚を加えてつけておく。翌日には食べられる。(白づけはビートを入れない)

準備するもの

・大根　1本
・赤ビート5×2cm　1枚

★あらづけ
塩大さじ3
砂糖大さじ3

★本づけ
ポッカレモン100CC
砂糖300g

年中行事

1月

旧暦1月2〜3日
ハチウクシ（初起し）

仕事始めの儀礼のことを「ハチウクシ」といいます。

農村では「ハチバル」（初原）とよばれる農事始め、漁村では「フナウクシ」（船起し）とよばれる出漁始めの儀礼をおこないます。

ハチバルの場合は、ふだんから使っている農機具を庭先に出して、酒・花米・塩などをおそなえし豊作と健康を祈願します。

フナウクシの場合は、漁船（サバニも含む）に集まり、船中に祭った舟の守護神（船霊《フナダマ》）に航海安全と豊漁を祈願します。そして、大漁旗を立てて祝い酒を酌み交わします。

この日に水の神に感謝する「カーメー」（井泉参り）や「カーウガミ」（井泉拝み）をする地域もあります。

ゆんたくひんたく

「カーメー」（井泉巡り）

●「カーメー」（カーウガミとも）は、水に対する感謝と豊作と豊漁そして家族の健康と一家の繁栄を祈願すること。それにもう一つ、水の再生力に対する信仰もふくまれているという。

それだから、「ウブガー」や「村ガー」などのかたわらには必ず拝所が設けられているってわけ。

●正月の２日目に各地にあるカーを巡って参拝する人が今も多く見られる。特に北部地域はこのような「カーメー」が盛んなところとしてよく知られている。ビンシーやウチャワキ（人によって重箱料理）をおそなえし、家族の健康祈願をする。また、カーは村々で行う祭祀の前にノロや神人たちが禊《みそぎ》をしたり、ウビナディをする水を汲んだところでもあり、今でもたいせつな聖地とされているところが多い。カーの実質的な役割は失われてしまったが、信仰は今も変わらず受け継がれている。

年中行事 1月 旧暦1月2〜13日

トゥシビー（生日・生年祝い）

正月最初に回ってくる自分の干支にあたる日を「トゥシビー」（生まれ日）として、厄を祓い無病息災を祈願します。二〜十三日の間にはすべての干支の日が回ってきます。自分の干支と同じ年を「生まれ年」として祝う「トゥシビーユーエー」とは異なり、火の神と仏だんに赤ウブクをおそなえして一年間の厄祓《やくばら》いと健康祈願が主となります。

トゥシビーユーエーは、数えで十三歳から始まり十二年ごとにまわってくることになります。その中でも特に、女の子の「ジュウサンユーエー」は華やかに行い、六十一歳以上は長寿を祝うことになります。

年中行事 1月 旧暦12月30日〜翌年1月4日

火の神の下天（火の神迎え）

天の神さまのもとにもどった（十二月二十四日）火の神を、迎えるための祈願です。御願日はまちまちで決まっていませんが、一月四日とする地域が多いようです。全島的に行われている行事ではなく、下天の拝みをやらない地域もあります。

火の神に赤ウブクをおそなえするのが多いようです。

★下天のみやげ

火の神がもどってくる（下天）際に、「黄金（クガニ）」あるいは金銀財宝（クガニナンザン）を持ってきてくれると伝承されている地域が多い。天に昇る（上天）際は、いいことだけを伝えてくださいと頼み、もどるときは宝を持ってきてくれると期待する。

年中行事

1月

旧暦1月7日 ナンカヌスク（七日節句）

家庭ではこの日に「ナージューシー」をつくって、仏だんや火の神におそなえし、一年間の無病息災を祈願します。

ナージューシーとは、季節の野菜や野草などの青葉に肉などを入れた雑炊のことで、豚肉料理三昧の正月明けの胃袋にはやさしい料理といえます。

本土の「ななくさの節句」は、正月七日に七種粥を食べて邪気を祓う年中行事の一つですが、その際のななくさは「春の七草」です。

ナージューシー

準備するもの

・白米　1カップ
・フーチバー(よもぎ)200g
・豚Bロース(肩ロース)肉　250g
・水　10カップ
・サラダ油　少々

★味つけ
塩少々、和風だしの素適宜

本土のよもぎとは種類が違うんだヨ！

★ナージューシーに入れる野菜や野草
ンスナバー（不断草）、シマナー（高菜）、フーチバー（にしよもぎ）など

★ななくさ粥に入れる春の七草
せり、なずな、ごぎょう、はこべ、ほとけのざ、すずな、すずしろ

火の神・仏だんのウサギムンと料理

火の神・仏だん
・ナージューシー

※この日に村拝みをする地域や、豊作祈願、仏だんの正月飾りをおろす地域もあります。

米と水を入れる

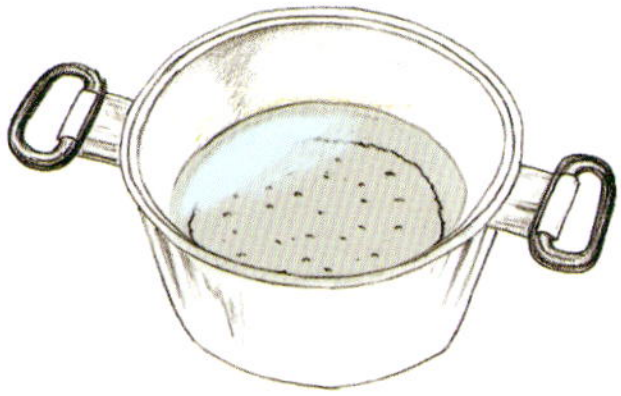

1

米と水を鍋に入れる
米は洗ってザルに取り、鍋に米と分量の水をいれる。

材料を切る

2

フーチバーを切る
フーチバーは葉っぱの部分だけをちぎって洗い、１センチ幅できざむ。

3

肉を切る
肉は１センチ角に切る。

フーチバーは
ていねいに葉をちぎってネ！

肉を炒める

4

肉を炒める
フライパンを熱したあと油を少しひいて表面の色が変わるくらいに炒める。

煮る

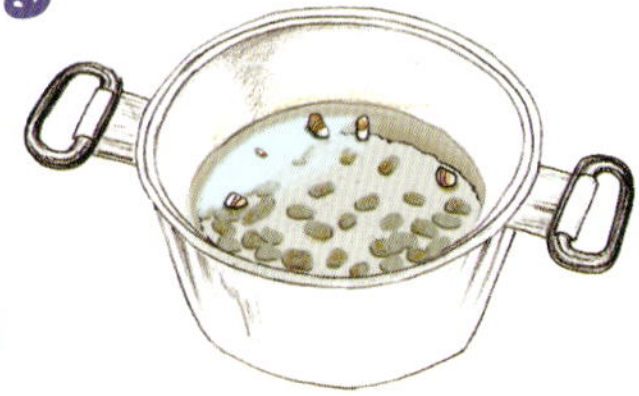

5

鍋を火にかける
米を入れた鍋に炒めた肉と和風だしの素適宜、塩少々を加えて強火で煮立たせたあと、弱火で 40 分くらいフタを少しずらして煮る。

フーチバーを入れる

6

フーチバーを入れて煮る
米がやわらかくなったら、フーチバーを入れてまぜ、15 分くらい煮て火を止める。

年中行事
1月

ジュールクニチー（十六日祭）

旧暦1月16日

ウチャワキは、新作重箱料理（14 頁から）にそれぞれ作り方が紹介されています。ご参照ください。

ゆんたくひんたく

不思議な風景

●ごつごつした岩場が目立ち、足場の悪いところで、重箱料理をひろげ、海にむかって祈りをささげる人びと。

身近な拝みどころより自分の願いを叶えてくださるように、自分の悩みを解消してくださるように、遠方の祖霊や神々に祈りをささげること、遠くにいる祖霊や神々をいたわり慰めることを「ウトゥーシ」（お通し）という。

●このような拝み方は、「ジュールクニチー」のミーグスクの御願だけとは限らない。ムートゥヤー（宗家）のカミウタナ（神御棚）の御願も、ウコール（香炉）を通して墓や聖地にいる先祖へのウトゥーシである。また、御嶽への御願ももとをただせば、天の神やニライカナイの神へのウトゥーシがきっかけとなっているという。

「グソーの正月」ともよばれています。供物をおそなえし、祖先をしのびなぐさめる行事です。

ふつう三年忌（死後二年目）まではお墓参りをしますが、それ以後は仏壇に供物をそなえ、ウチカビをたきあげて供養します。

全島的におこなわれている行事ですが、宮古・八重山地方では特に盛大にいとなまれることでも知られており、島を離れた人たちがその日のために帰省する姿が見られます。また、帰省できない人たちが那覇のミーグスク（三重グスク）でごちそうをひろげ、郷里の方角にむかってウトゥーシ（遥拝）する風景は、那覇の風物詩の一つともなっています。

亡くなって初めて迎えるジュールクニチーを「ミージュールクニチー」といい、過去一年間に亡くなった人のことを「ミーサー」（新仏・新霊）とよんでいます。

ミーサーのある家では、親戚縁者が拝みに来る習わしがあり、早朝にお墓参りをすませる家が多い。

ミージュールクニチーは盛大にいとなむのがふつうです。

重箱料理。ミージュールクニチーにはふつう重箱料理を用意します。

仏だんのウサギムンと料理

仏だん

ジュールクニチーの場合

- ウチャトウ
- 酒
- 花米
- ムイグーシと果物の盛り合わせで一対
- ウチャワキ

ミージュールクニチーの場合

- 重箱チュクン（もち重二重ねとウサンミ二重ね）

※那覇市のミーグスクは離島出身者のジュールクニチーのウトゥーシドゥクルとして有名ですが、近年、瀬長島の西側の浜でもウトゥーシする人びとがふえてきたようです。

年中行事

1月

旧暦1月20日 ハチカソーグヮッチ（二十日正月）

ウワイソーグヮッチともよばれていることからもお分かりいただけると思いますが、この日で正月も終わりということで、正月飾りはすべてかたずけます。ただ、この行事は本島（北部地方は一部地域）や周辺離島でいとなまれているもので、宮古・八重山ではほとんど見られません。ヒヌカンや仏だんに供物をそなえ、正月の終わりを告げ、一年間の無病息災、家の繁栄を祈願します。

火の神・仏だんのウサギムンと料理

火の神・仏だん

●ターンムニー（田いも練り…首里など）かテビチ汁（作り方は一五〇頁）とウサチ

ターンムニー

準備するもの

・ゆでた田いも　1kg
・片くり粉　大さじ1

★**味つけ**
砂糖　150～200g
塩　少々

※那覇市辻町では、よく知られているように「ジュリうま」とよばれる祭りがありました。戦前までは「ジュリ」とよばれていた遊女たちが馬の首の飾りを身につけて通りを練り歩いていました。戦後になって、料亭の女性たちや琉球舞踊研究所の弟子たちによって演じられるようになり、一時期「ジュリうま行列」に対する批判もあり中断されていましたが、その後復活しています。

下ごしらえ

1

いもを切る

田いもは、皮をむいて１センチ角に切る。

やっぱりウチナー産の田いもは味が違うよネ！

湯通しする

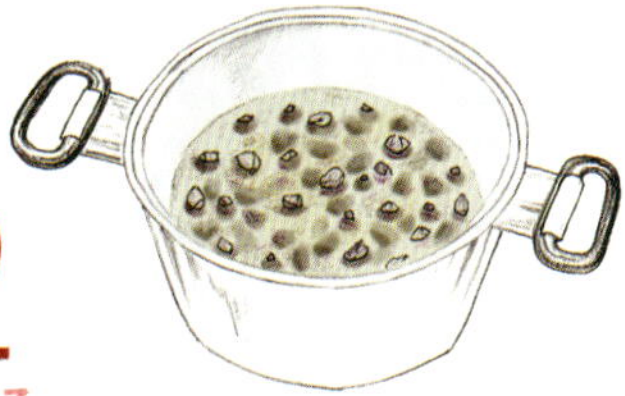

2

ゆでる

沸騰したお湯に田いもを入れて１～２分ゆでてアク抜きする。その後ザルにとって水気を切る。こうするとねばりが出る。

つぶして煮る

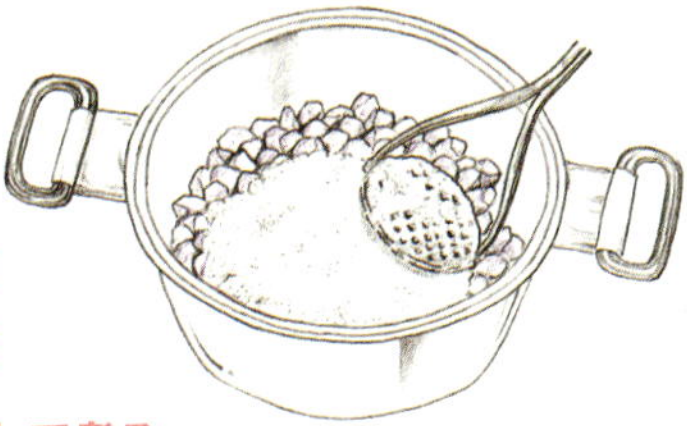

3

つぶして煮る

湯通しした田いもを鍋に入れ、弱火にかけてつぶしながら砂糖、水少々を加えよくまぜる。少し煮たら塩少々で味をととのえ、片くり粉をたして練り火を止める。

ジュリうま

那覇市の辻にあった遊郭において、旧暦の１月 20 日に行われた豊年と商売繁昌などを祈願する行事のことを「ジュリうま」という。

獅子とミルク（弥勒）を先頭にして、選ばれたジュリ（遊女）たちがカラフルな装いで板でつくった馬の首を前帯にはさみ「ユイ　ユイ」とはやしながら、辻遊郭を練り歩く。遊女らによる新しい年の景気づけの意味もあったようだ。ミルクは福の神さまである。

戦後になって遊郭が姿を消し、遊女もいなくなった。

ゆんたくひんたく

年中行事

2月

旧暦2月15日

ニングヮッチウウマチー
（二月ウマチー）

二月の麦穂祭、三月の麦大祭、五月の稲穂祭、六月の稲大祭（いずれも旧暦）の四つのお祭りは、王国時代にはもっともたいせつな農耕儀礼でした。王府によって祭りを行う日（吉日）が決められ、各間切に伝えられ、いっせいにおこなわれていたのです。

麦作がほとんど見られなくなった現在では、麦二祭（麦穂祭と麦大祭）はほとんどおこなわれなくなってしまったようです。それでも、稲穂祭（五月ウマチー）と稲大祭（六月ウマチー）は今でもおこなう地域が見られます。

麦が盛んにつくられていたころは、各家庭でも麦の穂を三本（七本とも）をヒヌカンや仏だんにおそなえし、まだ熟していない麦の穂をもみのまますりつぶし、水を加えてこしてつくる「シロマシ」をそなえ、豊作を祈願していました。この日は畑に行くことは禁じられ、針仕事も慎まなければいけないとされていました。

現在では、門中の本家を中心におこなうところもあれば、集落で神役を中心に拝所を回り、豊作を祈願する地域もありますが、各家庭ではほとんどおこなわれていないようです。

年中行事

2月

春分の日の前後一週間

春のヒガン
（彼岸祭）

春分の日（新暦の三月二十一日前後）を「中日《なかび》」として三日前を彼岸入り、三日後を彼岸明けといい、その七日間のうちにいとなまれる祖先祭祀を「春のヒガン」といいます。

この日はほとんどの家庭で、仏だんに豚肉、昆布、とうふなどのウチャヮキ料理をおそなえし、ウチカビをたいて祖先をしのびその霊をなぐさめ供養します。

写真のウチャワキ料理の作り方は新作重箱料理その１・２（14 ～ 31 頁）にあります。

かっては、この日にお墓参りをする地域もあったようですが、現在ではほとんどが家庭内の行事ですませているようです。なお、本土ではお墓参りをします。

彼岸とは、この世のわずらいや悩み（煩悩《ぼんのう》）から解放されて自由（解脱《げだつ》）になり、幸福な世界に至る（彼岸に至る）という仏教からきたことばです。悩み苦しみの多い現世を比岸《しがん》といい、悟りを得た理想の世界を彼岸といいます。

仏だんのウサギムンと料理

仏だん

- ウチャトウ
- お酒
- ムイグヮーシと果物の盛り合わせで一対
- ウチャワキ
- ウチカビ

年中行事

3月

旧暦3月3日 ハマウリ（浜下り）

春先のよもぎはやわらかくて特においしい。

よもぎもちの作り方は 50 〜 51 頁にあります。

火の神・仏だんのウサギムンと料理

火の神・仏だん

●よもぎ入りの草もち

よもぎ入りの草もちをつくり、火の神や仏だんにおそなえして健康願いをし、家族で白砂を踏み、潮干狩りをしながら楽しく遊ぶ日です。

もともとは、集落の人びとが決められた浜辺に集い、持ち寄ったごちそうを食べて潮干狩りをし、手足を潮にぬらすことによって不浄を祓い健康を祈願するというのが行事の主体でした。現在では、集落単位の行事というより、家族単位でおこなうピクニック的な要素が強くなり、この日にはいたるところの海で潮干狩りを楽しむ家族の姿が見られるようになりました。

一昔前までは、女の子にはよもぎ入りの草もちやサングワッチグヮーシ（三月菓子）、花イカなどを詰めた色鮮やかな「サングヮッチウジュー」（三月お重）をつくってもらう習慣がありました。お重開きは浜でおこなうしきたりでした。

三月お重の作り方は 44 ～ 51 頁にあります。

また、この日に海で亡くなった人を浜でまつり、供物をささげて死者の冥福を祈る「ハマスーコー」（浜焼香ー今帰仁村や糸満市）をおこなう地域もあります。よもぎ入りの草もちは、邪気を祓うとされています。白砂を踏むのはけがれを清めるという意味があります。

ゆんたくひんたく

アカマタってどんな蛇？

●浜下りして潮で身を清めなければアカマタの子を生む。今どきの若い子なら「なにそれ！」って笑いとばしてしまいそう。

アカマタは「ハマウリ」行事の由来話に登場してくる美青年に化けた蛇のこと。実物のアカマタを見たことのある人は少ないかも。

沖縄諸島・奄美に分布するヘビ。赤色のまじったマダラ模様をしていて、大きいものは 170 センチにも。見た目にはいかにも毒々しいが実は無毒。

●八重山諸島の「プーリィ」とよばれる豊年祭には「アカマタ・クロマタ」という神様が出現する。アカマタは男の神さまでクロマタは女の神さま。

中国では川や海をつかさどる水神は蛇に化身すると信じられているそう。ひょっとするとアカマタは神さまの使いかもネ。

年中行事

3月

シーミー（清明祭）

清明の節入りから（新暦の4月5日～）

重箱料理の作り方は新作重箱料理その１（14～27頁）にあります。

墓前のウサギムンと料理

墓前

- お茶
- 酒
- 花
- ウチカビ
- 重箱チュクン（もち重二重ねとウサンミ二重ね）
- 果物やお菓子の盛り合わせ

草木がすっかり芽吹き、晴れた日のつづく日中は夏を思わせるような暑さになる清明の節入りから二、三週間の間にいとなまれる墓前祭です。墓前祭というのは、墓まで出向いて供物をおそなえし、祖霊をしのび供養することです。

沖縄のもともとの墓前祭は、正月十六日の「ジュールクニチー」（十六日祭）と七月七日の「タナバタ」（七夕）の年二回だけでした。ところが近世（一六〇九年以降）に入り、中国から「清明祭」が伝えられると、士族層がそれを受け入れ一門の行事とするようになります。

明治の廃藩置県によって沖縄県が設置（一八七九年）され、身分制度がなくなると、士族の風俗・習慣が一般の人びとの間にもひろまるようになり、清明祭も沖縄全島域でおこなわれるようになっていくのです。

今や春の一大風物詩となった「シーミー」は、「ソーグワッチ」・「シチグワッチ」と並んで盛大な行事となっています。

最近は土・日を利用していとなむ傾向が強くなり、シーミー期間中沖縄自動車道や墓所のある地域は車の大渋滞をひきおこすほどです。

墓前に集まった親族一同が供物をウサンデーしながら歓談する風景は沖縄独得のもので、他府県では見られません。なお、本島北部の一部地域や宮古・八重山などではシーミーをおこなわないところもあり、また「ジュールクニチー」の方が盛大だとするところもあります。

門中の遠い祖先にあたる按司墓やノロ墓を本家を中心に分家節の代表らによって拝む「カミウシーミー」（神御清明祭）と門中墓に参る「ムンチューウシーミー」（門中御清明祭）、家族単位でいとなむ「ウシーミー」（御清明祭）に区別されます。

墓前にそなえられるウサギムンは華やかな重箱が中心。

シーミー狂奏曲

●清明の節入りとともに沖縄社会が狂奏曲を奏でる。その先陣を切るのは家庭の主婦ではなくスーパー。その商魂たくましさにはひたすら感心するばかり。

●シーミーもいつの間にか「惣菜まつり」に変身したかのよう。墓前に持ち寄った重箱料理がどれもこれもスーパーで買い求めたものばかり。笑うに笑えない。

●いつごろからか、ぬくもりのある手づくりの重箱料理が惣菜料理に変わり、母の味も消えた。

●シーミー狂奏曲にまき込まれ、亡くなった人の霊に対する考え方、接し方をよく伝えてくれる行事の本質を、せめて忘れないでほしいと願うばかり。

ゆんたくひんたく

年中行事

4月

旧暦4月14・15日ごろ アブシバレー（畦払い）

害虫の被害から作物を守るために、田畑の草を取り害虫を取り除く虫払いの行事です。

かっては、この日に農作業を休んで、集落の人も参加して拝所や殿などで害虫を焼いたり害虫をそなえものといっしょに草舟に乗せて流すという儀式がおこなわれていました。

このような神事をすませた後は、沖縄角力や競馬を楽しむこともありました。神事を今日まで受け継ぎ守っている地域もありますが、ごく限られているようです。

本土にもワラ人形をつくり、鉦《かね》や太鼓を打ち鳴らして害虫を村外へ送り出す「虫送り」の行事がありますが、アブシバレーと何らかのつながりがあるのでしょう。

送り出される虫の行き先は？

ゆんたくひんたく

この日に作物に被害をもたらす害虫（イナゴ・バッタなど）を草舟に乗せて流す儀式が全島的におこなわれていた。

草舟に乗った虫の行き先は「南の国」・「ニライ・カナイ」・「ウフアガリ」・「沖の方」などとなっている。四方を海に囲まれた沖縄では、「沖の方」といえば 12 方位すべてということになる。また「南の国」となれば沖縄より南に位置する国々となる。

「ウフアガリ」は「ニライ・カナイ」と同じように考えていいかも。

つまり、害虫は自分たちの住んでいる地域の外に追い払うという意味があるのかな。本土でも、害虫をわら舟に乗せて川や海に流す。舟に乗った虫の行き先は沖縄と同じように村の外ということになるのだろうか。

年中行事
5月

旧暦5月4日 ユッカヌヒー（四日の日）

写真上：チンピン。
写真下：みそポーポー。
作り方は次頁にあります。

火の神・仏だんのウサギムンと料理

火の神・仏だん
- ポーポーやチンピン

ユッカヌヒーに対するイメージもすっかり変わりました。戦前までは、子どもの健やかな成長を願い、ふだん買ってあげられないおもちゃをプレゼントする日でもあったのです。

そのため、各地に年一回の「おもちゃ市」が立ち、張り子の「ウッチャリクブサー」（起き上がりこぼし）、「チンチンウマグヮー」（騎馬人形）、「ウメントゥー」（紙びな）、「マーイ」（まり）などの伝統玩具が子どもたちの心をくすぐったものです。この日にかぎって堂々と親におねだりできたのです。

家では、母親が手づくりのポーポーやチンピンを焼き、火の神や仏だんにおそなえし、家族の健康を祈願しました。こどもたちはウサンデーするのを今か今かと待ちあぐねたものです。中国風の菓子名ですが、油みそや黒砂糖など沖縄の食材を練り込んだおいしい焼き菓子です。

現在は、「ハーリー」（爬龍船競争）が主役となっているようで、イベント的なものまでふくめると全島域で開催されて、連日ハーリー鉦が鳴り響いているような雰囲気につつまれます。

チンピン

準備するもの

- 薄力粉　500g
- 卵　４個
- ベーキングパウダー　大さじ11/2
- 粉黒糖　200g
- 三温糖　100g
- 水　２カップ
- 牛乳　１カップ
- サラダ油　100CC

下ごしらえ

1

卵をまぜる

卵をとき、三温糖、粉黒糖を入れてまぜたあと、水、牛乳、油を加えてまぜる。

2

薄力粉を加え、ねかせる

ふるっておいた薄力粉とベーキングパウダーを加えてなめらかになるまでよくかきまぜる。その後、材料がなじむよう冷蔵庫で約40分くらいねかせる。

焼く

3

焼く

熱したフライパンに油をひいてなじませ、ペーパータオルで２～３回きれいにのばす。おたまでたねを流しこみ、うすく丸くのばして弱火で焼く。

4

裏がえす

表面にブツブツが出て、ふちがかわいてきたら裏がえして裏を焼く。

5

皿にとる

裏をさっと焼いたら皿に裏側を上にしておく。（熱湯消毒したサンニンの葉においてみました）

巻く

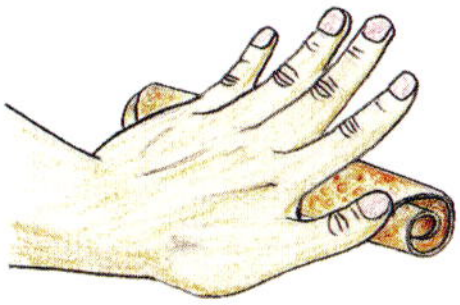

6

巻く

かわいたまな板の上で、あたたかいうちに端からくるくると巻く。

みそポーポー

準備するもの

- 薄力粉　500g
- 砂糖　250g
- 和風だしの素　少々
- 水　２カップ
- サラダ油　少々
- 油みそ（市販品）　適宜

★油みそは、フライパンにサラダ油少々をひき、みそに砂糖を加えてさっと炒めて作っても。

下ごしらえ

1
薄力粉をふるう
分量の薄力粉をふるいにかける。

2
まぜる
ふるいにかけた薄力粉に、砂糖、和風だしの素を加え、水を入れてなめらかになるまでまぜる。できれば冷蔵庫で約40分くらいねかせる。

焼く

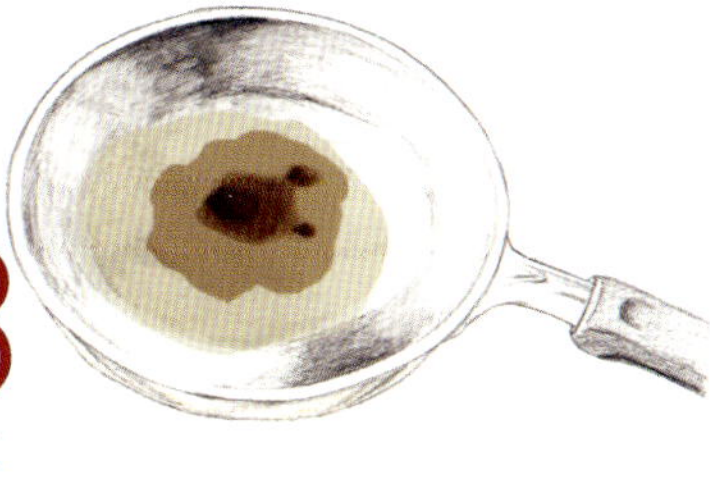

3
焼く
熱したフライパンに油をひいてなじませ、ペーパータオルで２～３回きれいにのばす。おたまでたねを流しこみ、うすく丸くのばして弱火で焼く。

4
裏がえす
表面にブツブツが出て、ふちがかわいてきたら裏がえして焼く。

5
皿にとる
裏をさっと焼いたら皿に裏側を上にしておく。（熱湯消毒したサンニンの葉においてみました）

巻く

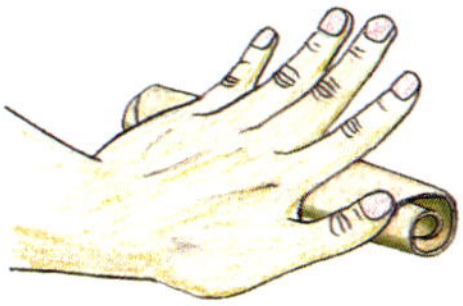

6
巻く
あたたかいうちに、油みそをうすく全体にぬり、端からくるくると巻く。

年中行事

5月

旧暦5月5日
グングワッチグニチー（五月五日）

火の神・仏だんのウサギムンと料理

火の神・仏だん

- あまがし、しょうぶの葉でつくった匙《さじ》

あまがし。

火の神や仏だんに「あまがし」と「しょうぶの匙」をおそなえし、病気や災厄を祓い家族の健康を願う家庭行事です。

『琉球國由来記』（一七一三年）に「飴粕《アマガシ》と菖蒲《しょうぶ》酒を先祖、竈《かまど》神に供える」とあります。

豆を粥状に炊いて麹を加えて発酵させてつくった当時の飴粕としょうぶの放つ香気が邪気を払う呪力あると考えられたのでしょうか。

しょうぶの放つ香気に邪気を祓う呪力があるとする民間信仰は本土にもあり、五月五日の「端午の節句」にはしょうぶ酒をのみ、しょうぶ湯につかり、ちまきを食べる習わしがあり「しょうぶの節句」ともよばれる所以《ゆえん》にもなっています。

近年、この行事はかなり簡素化され、全くおこなわない家庭もふえたようですが、あまがしだけは沖縄の人びとの口に合うのか、スーパーなどでは缶詰やレトルトパックで販売されています。

今となっては失われた習俗の一つとなってしまいましたが、しょうぶの葉を疾患のある患部にまいて邪気を払ったり、頭や腰にまきつけて悪魔がこないように祈願するという風習もあったようです。

下ごしらえ

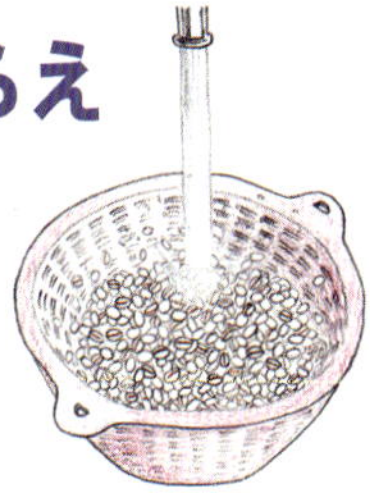

準備するもの

あまがし

- 小豆　500g
- 押し麦　100g
- 水　8カップ

★**味つけ**
砂糖　400g
塩　少々

1

押し麦を洗う

押し麦を洗ってザルに取り、水をきっておく。

湯通しする

2

小豆をゆでこぼす

洗った小豆を鍋に入れ、たっぷりの水を入れて火にかけ、4〜5分煮たらゆでこぼす。

煮る

3

小豆を煮る

小豆を入れた鍋にたっぷりの水を加え、沸騰するまでは強火、沸騰したら弱火にしてやわらかくなるまで煮る。

4

押し麦を加えて煮る

小豆がやわらかくなったら、押し麦を入れ、押し麦がやわらかくなるまでことこと煮る。ようすを見て水をたす。

味をととのえる

5

砂糖を入れて煮る

押し麦が煮えたら、砂糖と塩少々を加えて味をととのえ、10分ほど煮る。

白もちの作り方

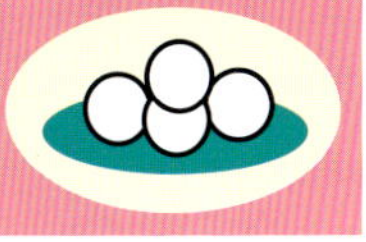

1

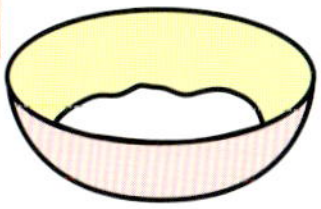

ボールにもち粉150gと水120CCを入れ、よくこねたあと、一口大に丸める。（水量は粉の種類で調整する）

2

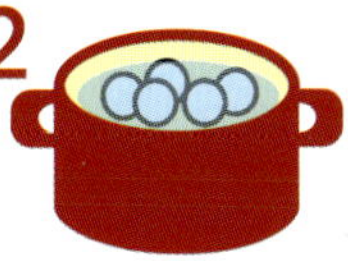

鍋にたっぷりのお湯をわかし、その中に丸めたもちを入れて5分ほどゆでる。

3

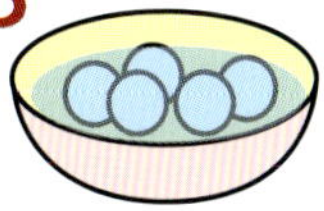

ゆでたら水にとり、さましてザルで水を切る。

★**粉は白玉粉でもよい。**

年中行事
5月

旧暦5月15日
グングワッチウマチー
（五月ウマチー）

ウマチー（豊作を祈願し、感謝する儀礼）の中でもっともたいせつにされていたのが、稲の初穂をおそなえし、その順調な生育と豊作を祈願する「グングワッチウマチー」です。稲穂祭ともいいます。

かっては王府によって五月中の吉日が選定され、ノロの司祭する各間切でいっせいに行われていました。沖縄県の設置により王府が解体されてなくなると、祭日は十五日とする地域が多くなります。国中の男女ともに心身を清めて謹慎し、三日間常の仕事も休む（『琉球國由来記』）と記されているように、国の祭りとして盛大にいとなまれていたようです。

戦後になり稲作がじょじょにすたれていくにつれて、行事も簡素化され、全くおこなわない地域もあらわれてきました。稲ではなく粟のとれる地域（粟国島など）では粟シチュマ（粟穂祭）とよんでいます。

村落祭祀ではノロを中心にカミンチュ（神人）がうちそろって、各拝所にウンサクとよばれる神酒《みき》（米でつくり神前にそなえる酒）、花米をおそなえし、豊作を祈願します。

門中でいとなむところでは、宗家で祀った祖神を拝みます。

ウサギムンと料理

拝所と宗家の祖神
- ウンサク（神酒）と花米

火の神・仏だん
（家庭行事としていとなむ場合）
- 稲の初穂三本

年中行事

6月

旧暦6月24・25日 ルクグヮッチカシチー（六月カシチー）

新しく収穫したお米（この場合はもち米）で、カシチーとよばれる強飯をたいて火の神、仏だんにおそなえし、収穫の報告と感謝をする行事で、「ルクグヮッチカシチー」あるいは「カシチーウイミ」とよばれています。

六月の二十四・五日の両日のうちのいずれかの日におこなう地域がほとんどですが、二十四日を「カシチー」、二十五日を「アミシの御願」として分けるところもあります。また、稲の収穫が終了する時期に新米を「ミーメー」と称して祝う（ミーメーウイミなどという）地域もあります。

アミシの御願とは「年《とし》浴《あ》みの儀式」のことで、若水で体を清め、謹慎してみそぎをする（沐浴斎戒《もくよくせいかい》）ことですが、南城市玉城糸数のように雨乞いの祈願をするところもあります。

カシチーに関連して村落で「綱引き」をおこなう地域も多く見られます。

沖縄の三大綱引きとされ、長い伝統を誇る「与那原大綱引き」は六月に、「糸満大綱引き」は八月に、イベント性を強めた「那覇大綱引き」は那覇祭り（新暦の十月十日）に開催されています。

火の神・仏だんのウサギムンと料理

火の神・仏だん

- 白カシチー（もち米でつくった強飯）

ゆんたくひんたく

綱引きは予祝い？

その年の豊作をあらかじめ祝っておけばその通りになるという予祝。各地で盛んにおこなわれる綱引きは、カヌチ棒を差し込んで雌雄を合体させて実りを予祝する行事でもあるが、年占いの意味もあるとか。

年中行事

7月

旧暦7月7日 タナバタ（七夕）

ウチャワキ料理の作り方は 14 ～ 41 頁にあります。

シチグワッチ（お盆）が近づいたことを祖霊にお知らせし、案内をかけるのがタナバタ行事の主な目的です。その際にお墓回りをきれいに清掃し、ヒジャイガミに墓の守護に対する感謝をささげ、墓前で祖霊にお盆の案内をかけます。ですから、沖縄のタナバタ行事はあくまでもお盆を中心とした祖霊祭りの一つということになります。

中国を起源とした他府県の星祭りの風習は沖縄にはありません。したがって、保育園や幼稚園などで見られる願いごとを書いた短冊や折り紙でつくった月や星などを笹竹に飾る風景は沖縄古来のタナバタ行事とは無縁のものです。

タナバタはまた、沖縄では「日無し」（日の吉凶がない日）とされ、日取りに関する制約がとり払われ、墓の移転、改修、位牌の仕立て替えなどが許される日だとされています。また、シンクチとよばれる洗骨儀礼もこの日におこなう地域が多かったようです。

ウサギムンと料理

お墓

- 花
- 水
- 酒

仏だん

- ウチャトゥ
- 酒
- ウチャワキ（ウサンミ奇数品）

ゆんたくひんたく

タナバタと祖霊

●「ミージュールクニチー」はよく耳にするが「にいぼん」（あらぼんとも）とはあまり聞かない。

ミーサー（新仏）のあった家では、「タナバタに特別のごちそうを持って一家でお墓参りをする」、あるいは「新霊を家に案内してウンケーまでもちをそなえ、毎日三食をそなえる」という風習があったという。さしずめ、沖縄の「にいぼん」ということかも。

●遠い記憶をたどっても、短冊や折り紙に願いごとを書いて笹竹に飾ったことなど思い出せない。汗だくで墓掃除し、ウンケーの日にやってくる祖霊のことを思って手を合わせるのが沖縄のタナバタ。

年中行事

7月

旧暦7月13～15日

シチグヮッチ（盆）

十三日のウンケー（お迎え）ではじまり、十四日の「中日」をはさんで十五日のウークイ（お送り）でしめくくる盛大な祖霊祭りで「シチグヮッチ」（本島）、「ストゥガツ」（宮古）、「ソーロン」（八重山）などとよばれています。

門の両側で赤々と燃えさかる迎え火（戦後の一時期まで「トゥブシ」、（現在はローソクなど）を目じるしに家にもどった祖先の霊は、期間中クヮッウマグ（子孫）のもてなしを受けながら楽しく過ごし、十五日のウークイの日に両手にかかえきれないほどの土産を

仏だんのウサギムンと料理

仏だん

※お盆期間中おそなえするもの

- 花　・お茶　・酒
- 果物の盛り合わせ
- スイカやパインアップル（ガンシナの上におく）
- グーサンウージ
- 提灯（いずれも対になるように）
- ミンヌク

ゆんたくひんたく

トゥブシの火　赤々と

●夕闇せまるころ、トゥブシの火が赤々と燃えてほの揺れるさまは、幼き日の盆行事のハイライトの一つであった。お年寄りは「トゥブシの火をめあてにウヤファーフジがやってくる」という。耳を澄ましても足音は聞こえない。目をこらしても姿は見えないウヤファーフジ。

●トゥブシの火のつくる影を追って走り回っているうちにウンケーが始まる。手を合わせていると連れ立ったウヤファーフジがかたわらをすり抜けた。そんな気分にさせられるのがウンケー風情だった。トゥブシの火が消え、影踏み遊びも忘れ去られてしまった。

持ってあの世へ帰っていきます。

一年のうちで唯一、祖先の霊を家に招き入れ、いっしょに過ごす機会でもあることから、期間中は三度三度の食事はもちろんのこと、果物の盛り合わせなどをおそなえし、仏だんを飾り、最大級のおもてなしをします。

十三日 ウンケー

祖先の霊をお迎えするのはふつう夕方になりますが、「ウンケーヤヘーベートゥ」という古くからの教えがある通り、この日は早朝から準備に取りかかります。

庭をていねいに掃除し、祖霊の足の汚れを払い落とす「ソーローホーチ」を玄関わきに用意します。ソーローホーチはメドハギの葉をたばねて箒状にしたものですが、最近は見かけなくなりました。

仏だんや位牌はからぶきして清めます。水で洗ったりしてはいけません。日が落ちる前に門口には迎え火をたきます。戦後の一時期まで松ヤニを塗り付けた木片を竹にはさんで立てて、それに火をつけて迎え火（トゥブシ）としていましたが、現在は見られません。

仏だんには花、お茶、酒、果物の盛り合わせ、スイカやパインアップル、それを乗せるガンシナ、グーサンウージなどいずれも対になるようにおそなえし、提灯をつけます。

仏だん下には、ミンヌクとよばれる田芋やさとうきびなどのきれはしを器に盛ったものを置きます。無縁仏や餓鬼どもの食材になるとされています。

祖霊をお迎えした夕食には「ウンケージューシー」とよばれる沖縄風炊き込みご飯とメドハギでつくったソーローバーシ十四本（七本ずつを対におく）、ウサチ（大根やきゅうりの酢のもの）を添えておそなえするのが古くからのしきたりとなっています。

なお、今では見られなくなりましたが、一昔前までは芭蕉の茎（わらでも）でつくったソーローンマを祖霊が土産を運ぶのに使うとしておそなえしていました。

仏だんのウサギムンと料理

仏だん　夕食

- ウンケージューシー
- ウサチ（大根・きゅうりなど）

※ウンケージューシーの作り方は次の頁。

しょうがの葉

ウンケージューシー

準備するもの

- 米　3合
- 水　3合
- しょうがの葉　2本
- にんじん　小1本
- ごぼう　40センチ1本
- Bロース　300g（グーヤヌジー）
- 塩昆布　1袋

★味つけ

しょう油（具用）　小さじ1

和風だしの素　適宜

下ごしらえ

1

米を洗う

米をといだら、分量の水につけておく。

しょうがの葉をきざむ

しょうがの葉は1枚ずつちぎって洗い、こまかくきざむ。

3

ごぼうとにんじんのささがき

皮をむいたごぼうとにんじんはてきとうな長さに切って、たてに十字に切り目を入れ、ささがきする。

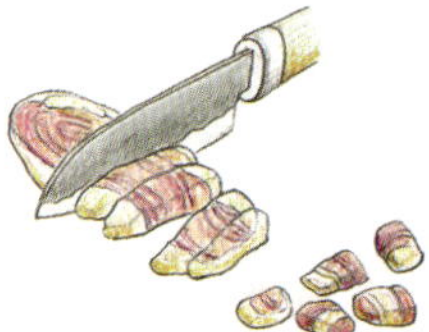

4

豚肉を切る

豚肉を1センチ角くらいの大きさに切る。

炒める

5

具を炒める

熱したフライパンにうすくサラダ油をひいて、肉、にんじん、ごぼう、しょう油小さじ1を入れ、強火で炒める。

炊く

6

具をまぜる

水につけておいた米の中に、炒めた具と塩昆布、和風だしの素適宜を入れまぜたら炊飯器のスイッチを入れて炊く。

まぜる

7

しょうがの葉をまぜる

スイッチが切れたら、きざんだしょうがの葉を入れ、全体をよくまぜてできあがり。

十四日 ナカヌヒー

朝のウチャトゥはもちろんですが、仏だんには三度の食事をおそなえし、その都度線香をともしてウートートゥします。

定番のメニューがありますが、最近はそれにこだわらず、家族が食べるメニューをそのままおそなえする家庭がふえたようです。

そうめんのお汁。薄焼き卵と細ネギをちらしました。お昼にどうぞ。

仏だんのウサギムンと料理

仏だん

朝食
- ごはん（おかゆなども）
- みそ汁（とうふなど）
- 酢のもの

昼食
- 冷やしそうめんに酢のもの

夕食
- ごはん
- みそ汁
- 煮物（とうふ、大根、豚肉など）

※煮物の作り方は次の頁。

ささがきの作り方

★にんじんも同じ要領でネ。

1

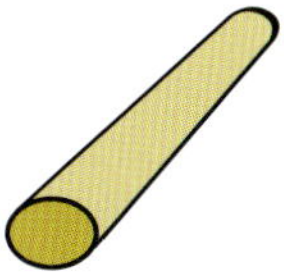

皮をむいたごぼうを20～30センチくらいの長さに切る。

2

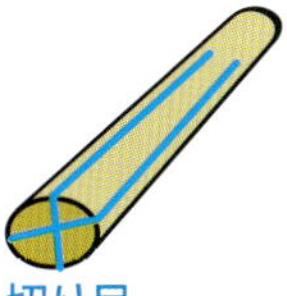

たてに十字に切り目を入れる。

3

切り目を真ん中にして上から削ぎ切りして水にとる。

煮物

準備するもの

・とり手羽中　500g
・シブイ（とうがん）
　１個（2kg）
・揚げ豆腐　８枚
・こんにゃく　１丁
・かつおけずり節　適宜

★味つけ
しょう油　100CC
みりん　100CC
和風だしの素　適宜

下ごしらえ

1
シブイを切る
シブイは皮と種・わたをとり、５センチくらいの大きさに切る。

2
こんにゃくを切る
こんにゃくはカレー用スプーンで一口大にそぎとる。

3
揚げ豆腐を切る
揚げ豆腐は三角に切る。

だしをとる

4
かつおだしをとる
鍋にお湯を沸騰させ、かつおのけずり節をたっぷり入れて１分くらい煮出して、ザルでこす。

煮る

5
煮る
鍋にシブイ、こんにゃく、とりの手羽中を入れ、かつおだし汁をひたひたに入れ、しょう油、みりん、和風だしの素で味をととのえ、沸騰するまで強火、そのあと弱火で汁が半分くらいまで煮る。

6
揚げ豆腐を入れて煮る
煮汁が半分くらいになったら、揚げ豆腐を入れ、さらに汁が少なくなるまで煮る。

十五日 ウークイ

期間中、クワッウマガの歓待をうけてすごした祖霊があの世へお帰りになるのを見送ります。

盆行事をしめくくる儀礼でもっともたいせつにされています。朝のウチャトゥ、三度の食事をおそなえするのは中日と同じですが、そのほかに重箱料理チュクン、皿に盛りつけたごちそう、ウチカビなどをおそなえします。ウークイを早々とすませるのは祖霊に対して非礼だという考え方が強いようですが、近年は遠方から参加する親族もふえたこともあって、夕方からおこなうところも多い。

新作重箱料理の作り方は 14 ～ 43 頁にあります。

ゆんたくひんたく

送り火？

ほの揺れるトゥブシの火が迎え火ならば、送り出す「送り火」は、という素朴な疑問がわいてくる。本土では盆の終わりの夕方、火をともした小さな灯籠を川や海に流す「灯籠流し」という行事がある。中国でも精霊舟や提灯などを流す「灯籠流し」がおこなわれるという。いずれも、祖霊を送り出す「送り火」。

沖縄には、こうした「灯籠流し」といった風習は見られない。盆の最終日、祖霊の前でウチカビをたきあげ、門で線香をたいて祖霊を送り出す。ウチカビや線香の揺らぐ煙が「送り火」ということになるのかも。

年中行事

8月

旧暦8月8日 トーカチユーエー（米寿の祝い）

米寿というヤマト風のよび方もすっかり定着してきました。沖縄の生まれ年を祝う「トゥシビーユーエー」にはない長寿の祝いです。他府県（鹿児島）の年祝い（賀の祝いとも）が伝えられたものですが、沖縄社会にすっかり根づいて今日まで受けつがれています。

旧暦の八月八日に親戚縁者をお招きして盛大に祝うのですが、その際に祝い客に「トーカチ」（斗《と》掻《が》き）をおみやげとして配るのが古くからの習わしとなっています。

トーカチは金持ちのシンボルとされ、それにあやかるという意味もふくまれているようですが、名前（トーカチユーエー）の由来にもなっているとされています。

最近は、ホテルなどを会場としておこなうことも珍しくなく、また市町村や集落などが主催して合同で祝うケースも見られるようになりました。祝いの日も、旧暦の八月八日にこだわらず、当人の誕生日や祝祭日に行うことも多くなったようです。

ゆんたくひんたく

模擬葬式は悲しい習俗？

●檀那寺《だんなでら》（信徒として所属する寺）を持たない沖縄の人びとは、坊さんの法話を聞いて、自分の死に対する心構えや準備をととのえる機会がほとんどない。

●模擬葬式は「長生きしすぎると、子孫のものが魂をとられて早死にし、繁栄しない」ということからおこなわれるという説もある。もしそうなら、とても悲しい習俗。

そうではなくて、死地へおもむくためのリハーサルだとしたら……。坊さんの法話と同じように死を受け入れる心構えや準備をととのえるいい機会になるのかも！

祝いの膳の作り方は 110 ～ 120 頁にあります。

祝いの席の定番の「カタハランブー」。
羽になる部分は慎重に！

トゥシビーの定番料理

・赤飯
・ドゥルワカシ（田いもの煮込み料理）
・ディンガク
・イナムドゥチ
・クーブイリチー
・サーターマーミ
・ウセー（大根またはほうれん草のおひたし）
・カタハランブー（クバンアーギ）
………などなど

盆明けの厄払い「ヌーバレー」

昔の人はよく「盆の期間中は、クヮッウマガ（子孫）の供養が受けられない無縁仏もウヤファーフジ（祖霊）とともにやってくるから気をつけなければいけないよ」などと言ったものだ。そのため、各家では「ミンヌク」とよばれる無縁仏のための食材を用意した。ミンヌクは里芋やさとうきび、野菜の切れはしなどを容器に入れて仏だんの下や玄関先に置いた。

子孫のもてなしを受けた祖霊はウークイの日にグーサンウージを杖替わりに、かかえきれないほどの土産をソーローンマに積んであの世へもどっていくという。考えてみると、何とも微笑ましい光景ではないか。

ところが、祖霊はあの世にもどっても無縁仏の帰るべきところはない。村内をうろつき回ることになる。そこでウークイの翌日、村内を徘徊している無縁仏どもを追い払う行事が村々でおこなわれる。それが「ヌーバレー」（野払い）である。地域によっては「ハタスガシ」とよぶところもあるという。

日中、ドラや太鼓をたたいて村に残っているかもしれない無縁仏を追っ払う。祈願行事をすませたあと、アシビナーなどで村芝居をしたり、エイサーや獅子舞で村内を清めたりする。

年中行事
8月

ヨーカビー（妖怪日）

旧暦8月8～11日

このころになると、悪霊や妖怪が出没し、不吉なことの前ぶれがあらわれるといいます。

死者の忘れられない恨みがヒーダマ（火の玉）となってあらわれるイニンビー（遺念火）や人の死を予兆するタマガイ（霊火）などの「チュダマ」（人魂）がとびまわるといわれています。そのために集落の高いところからチュダマがあがるのを見張ったりする地域もありました。

もし、チュダマのあがる家を見つけたら、厄祓いのために霊能者などに依頼して祈とうをおこなうこともあったようです。チュダマのあがった家からは、翌年のヨーカビーまでの間に死者が出ると怖れられたからです。

また夜になるとばっこする悪霊などを追っ払うために、盛んに爆竹をならしたものです。子どもたちにとっては一種の遊びでした。現在でも、この時期になると爆竹を鳴らす音が聴こえてきます。ヨーカビー行事の名残りなのでしょう。

ヨーカビーは本島を中心としておこなわれる行事です。

ゆんたくひんたく

明るさに負けた妖怪変化？

● 24時間営業のコンビニが沖縄中いたるところにある。おかげで「漆黒の闇」という表現がぴったりくる地域が少なくなってしまった。旧盆からヨーカビー、シバサシそしてトゥシヌユールの時期には、妖怪変化が盛んに出現するといわれていた。今風に言えば妖怪変化のシーズンインということになる。

●ところが、コンビニだけじゃなく外灯もふくめて沖縄社会全体が深夜でも電灯の明かりにさらされ、何となく騒がしくなってしまった。これでは妖怪変化も出現しようにも、なかなかタイミングをつかむのが難しい。タマガイ、イニンビーなどといったことばもすっかり聞かれなくなってしまった。

年中行事

8月

シバサシとハチグヮッチカシチー（柴差しと八月カシチー）

旧暦8月8～11日ころ

赤強飯

準備するもの

・小豆　1/2 ～ 2/3 カップ
・もち米　3合

★味つけ
塩　小さじ1/2
酒　中さじ2

妖怪変化がばっこするとされるこの時期には、これらの悪霊の家々への侵入を防ぐためにいろいろな方策が講じられてきました。先にあげた「ヨーカビー」の行事もその一つですが、同じ時期におこなわれる「シバサシ」も、悪霊が家・屋敷へ入り込むのを防ぐための行事です。

シバサシの「シバ」とは、ススキの葉と桑の小枝をたばねた呪具のことです。そのシバを悪霊の侵入しやすいとされる家・屋敷の四隅（角）、門、井戸、家畜小屋、そしてみそ瓶や種ものを入れた容器などにさしておくと、魔物の侵入を防げると信じられています。

同じ日の夜には、小豆入りの赤カシチー（赤強飯）を炊いて火の神、仏だんにおそなえし、家族の健康を祈願します。地域によっては「ハチグヮッチカシチー」（八月カシチー）とよぶところもあります。小豆がちょうど成熟期をむかえることから、古くから小豆をまぜた赤カシチーをおそなえする習わしとなっているようです。

火の神・仏だんのウサギムンと料理

火の神・仏だん
・赤カシチー

もち米を洗う

1

もち米を洗う

もち米は洗ってザルに取り、水をきっておく。

湯通しする

2

小豆をゆでこぼす

洗った小豆を、たっぷりの水を入れて火にかけ、4～5分煮たらゆでこぼす。

煮る

3

煮る

再びたっぷりの水を加えて沸騰させ、弱火にして少し硬めに煮る。汁が少ないときは水をたして調整する。煮汁はもち米を炊くときに使う。

もち米を炊く

4

もち米を炊く

洗っておいたもち米とゆで汁3カップ、小豆を炊飯器に入れ、塩で味をととのえ炊く。

まぜる

5

かきまぜる

炊きあがったら、底のほうからかきまぜる。

ゆんたくひんたく

呪具（じゅぐ）いろいろ

●ワラのシベやイトバショウの葉、ススキなどを十字に結んでつくるサンはなじみのある呪具の一つ。食べものの「シー」（精）を守るとされ、祭祀用の供物にも小さなサンをそえる。

●ススキを奇数枚たばねて先を十字形に結んでつくるのがゲーン。家や田畑、農作物をを守ってくれるということでさしたりする。また、祓い用として用いられ、棺の上に置いたり、墓内に出入りするときに使用する。

シバサシ行事に使う「シバ」もゲーンの一種で、ススキと聖木の桑の小枝を組み合わせてつくるが、「サン」とよぶ地域もある。

年中行事

8月

ジュウグヤ（十五夜）

旧暦8月15日

フチャギ

準備するもの

・小豆の缶詰（無糖）　1缶
・もち粉　500g
・水　350CC
・サンニンの葉

★**味つけ**
砂糖（もち粉用）　150g

★小豆はふつう砂糖煮したものを使う。その場合はもち粉は塩で味つけする。

蒸すときもサンニンの葉っぱが大活躍！

旧暦の八月十五夜の月を「中秋の名月」として、月を愛でる「月祭り」が全国的におこなわれます。

沖縄では「ジュウグヤ」あるいは「ジュウグヤウガミ」（十五夜拝み）、「チチウガミ」（月拝み）などといい、細長いもちに小豆をまぶした「フチャギ」を火の神、仏だんにおそなえし、家族の健康を祈願します。そのあとで家族で月見をしながらフチャギを食べるのが古くからの祝い方です。

一方では、この行事には豊年満作を祝うという意味もあり、その前後に「八月遊び」や「八月踊り」などに象徴される豊年祭がおこなわれます。

豊年祭には雑踊や組踊、獅子舞、棒術などといった多彩な奉納芸能が演じられ、伝統芸能の継承にも一役買っています。宜野座村松田の「八月遊び」、名護市屋部や多良間島の「八月踊り」などはよく知られています。

また、豊作祈願や感謝、その年の作物の豊凶を占う綱引きをおこなう地域も全島各地で見られます。

火の神・仏だんのウサギムンと料理

火の神・仏だん

・フチャギ（小豆をまぶしたもち）

こねる

1

もち粉をこねる

もち粉に砂糖と水を加えてこねる。よくこねるとねばりが強くなる。耳たぶくらいの硬さにする。

蒸す

2

蒸し器で蒸す

蒸し器に、洗ったサンニンの葉を裏返しに敷きつめた上に、小判型に形をととのえたもちをおく。沸騰させた蒸し器で 15 分くらい蒸す。

まぶす

3

小豆をまぶす

缶詰の小豆を大きめのお皿などに広げ、蒸したもちの熱いうちにまぶす。

ゆんたくひんたく

芸達者がいた村芝居

浦添市仲間の「豊年祭」

日ごろ、芸能とは無縁の村人が役者に扮して芸を競うのがかっての村芝居。村々には必ずひとりやふたり、生まれついての芸達者がいた。

にわかづくりの舞台で演じられる村芝居に泣き笑いしながら、手づくりのごちそうに舌鼓をうつ。

そこは芸達者とはいえ、あくまでも素人衆。失敗もあれば勘違いもある。それでも舞台は大盛り上がり。拍手・手拍子の止むひまがなかった。演じる者の日ごろの立ち居振る舞いを知っていればこそのおかしさがこみあげてくる。こうした村芝居も一つ消え、二つ消え、芸達者たちの芸を披露する機会もめっきり少なくなった。

年中行事

8月

秋分の日の前後一週間

秋のヒガン（彼岸祭）

秋分の日（新暦の九月二十三日前後）を「中日」として三日前を彼岸入り、三日後を「彼岸明け」といい、その七日間のうちにいとなまれる祖先祭祀です。

ウチャワキ料理をおそなえし、ウチカビをたいて祖先をしのび、その霊を供養するのは「春のヒガン」と同じです。

なお、そのころ（彼岸入りのころ）は、ほとんどの地域で屋敷の御願がおこなわれます。できることなら、屋敷の御願で家・屋敷を清めてから、彼岸祭をいとなむ方がよいでしょう。

仏だんのウサギムンと料理

仏だん

- お茶
- お酒
- ムイグヮーシと果物の盛り合わせで一対
- ウチャワキ

※ウチャワキの作り方は新作重箱料理を参照。

ゆんたくひんたく

ウコードゥ　コーコー

●ウートートゥのたびに聞かされた。耳にタコができるほど。物のない貧しくて供物をおそなえし祖霊をなぐさめ供養したくても満足にできなかった時代、心をこめて線香一本でもあげれば祖霊は十分なぐさめられるということ。

●やれ五品だの七品だの、線香が何本だのと形だけにとらわれて「ウコードゥ　コーコー」という精神を忘れているのではないかしら……。

仏だんにあふれるほどの供物、たくさんの線香、それこそ供養と考えているのなら、今から改めよう。心をこめた一本にまさるものはないのだから。

祝いの膳の作り方は 110 ～ 120 頁にあります。

年中行事 9月

旧暦9月7日 カジマヤー（生年祝い）

戦後の一時期まで、六十一歳（還暦）からは「ウフトゥシビー」として、親類、友人、知人を招いてその健康と長寿を祝うのがふつうでした。

数え歳九十七歳のトゥシビー祝いである「カジマヤー」は、名実ともに長寿を祝う「ウフトゥシビー」です。童心にかえりカジマヤーで遊ぶとか、墓まで七つのカジマヤー（アジマー―十字路）を渡っていったからだとする祝い名の由来はともかくとして、トゥシビーユーエーの最後の祝いとなります。

盛大な祝宴に先だって、火の神、仏だん、床の間にお供えものをして祝いの報告、これまでお守りくださったことへの感謝をして健康を祈願します。

その日は、女性は白・赤・青の三枚重ねの着物、男性は紋付袴が定番となっているようです。その日の装いがそのまま「グソージン」として着用する習わしが地域によっては今でもあるようです。

いつごろから始まったのか、花や風車などで飾りつけたオープンカーなどでパレードする風景が一般的に見られるようになりました。

パレードのコース上にある十字路では地域の人びとが待ちうけ、カジマヤーをもらい長寿にあやかるという新しい風習も生まれてきたようです。

火の神・仏だん・床の神のウサギムンと料理

火の神・仏だん・床の神

- お酒
- 花米
- ウチャヌク
- ウブク
- ウチャワキ

年中行事
9月

旧暦9月9日 チクザキ（菊酒）

旧暦の九月九日の重陽（重九とも）の日に邪気を祓い、健康のために菊の葉入りの酒を飲む行事のことを沖縄では「チクザキ」あるいは「クングヮッチグニチ」（九月九日）とよんでいます。

中国の奇数を陽の数（陰陽思想）として、月と日が重なる日（一月一日、三月三日など）をめでたいとする古い習俗に由来する行事だとされています。

本土では平安時代（七九二年〜）の初期には宮中行事として定着したとされていますが、沖縄ではいつごろから始まったのかは今のところ明らかにされていません。

菊の葉を浮かべた杯を火の神、仏だんにおそなえし、家族の健康を祈願したあと、それを飲みます。チクザキのころになると、各地で神拝みがおこなわれます。その代表的なものが島尻地方に点在する聖地などを巡拝する「東廻り《アガリマーイ》」と今帰仁グスク周辺の拝所や墓などを巡拝する「今帰仁上り《ナチジンヌブィ》」です。また、北部地域を中心に「カーメー」（井泉参り）もおこなわれます。

火の神・仏だん・床の神のウサギムンと料理

火の神・仏だん・床の神

- 菊の葉（三枚とする地域が多い）をうかべた杯

息災を願う

ゆんたくひんたく

●たっしゃでいること、変わりなくぶじであることを「息災」というが、仏さまの力で身にふりかかった災いを止めることも意味するという。わたしたちはいろいろな年中行事を通して「無病息災」を願い、家の繁栄を祈る。その際にウサギムンに匂いの強烈な植物を用いることが多い。

●死んだ人の霊や妖怪は匂いの強い植物は敬遠し近よらないとされているから。そんな考え方は沖縄だけとは限らない。他府県もいっしょ。ヨモギ・ニンニク・ニラ・しょうぶなどの放つ香気によって魔を祓うという習俗は全国いたるところで見られる。

年中行事

10月

旧暦10月1日 カママーイ（竈回り）

本島および周辺離島でおこなわれていた行事です。

この日に、集落では御嶽や村獅子などに火災予防の御願をしたあと、カママーイといって村人が各戸のかまどや便所などを見回り、火の用心をよびかけます。そのため、家々ではかまど回りをはじめ屋敷の内外をきれいに掃除し、そなえたものです。

家の中からかまどが消えて、家庭でのカママーイ行事もすっかり忘れ去られてしまったようです。「火の用心」と朱色で印刷された紙を柱や壁などに貼りつけることもなくなってしまいました。

「枯れ十月」あるいは「アチハティ十月」などというめぼしい行事のない十月を嘆いた昔の人びとの心情が今さらのように偲ばれます。

戦後の一時期まで見られたかまど。

姿を消した「火の用心」

ゆんたくひんたく

かっての沖縄の民家は、床下が高く枯れ葉やゴミのたまり場であった。カママーイのころになると年に一度の大掃除に汗を流した。その日に区長や婦人会の面々が各家をまわり、点検する。かまどまわり、屋敷まわり、床下まで目を光らせる。合格となれば「火の用心」と朱色で印刷された紙が配布される。紙は火の神の背後の柱や壁にはりつける。

カマドが消えて、カママーイも火の用心もなくなった。火の用心の紙が火の神のよりしろだとする迷信も今は聞かれなくなった。

年中行事

11月

旧暦11月　冬至

トゥンジー（冬至）

温暖な沖縄でも冬至（新暦の十二月二十一、二日）になると、季節風の吹き出しがあり、寒い日が数日つづくことがあります。この寒波のことを「トゥンジービーサ」（冬至寒さ）とよんでいます。

家庭ではこの日の夕食に田芋や里芋入りのジューシー（雑炊）をつくり、火の神や仏だんにおそなえし、家族の健康と家の繁栄を祈願します。このジューシーのことを「トゥンジージューシー」（冬至雑炊）とよんでいます。

トゥンジージューシーといえば、もともとは田芋や里芋入りの雑炊のことですが、最近は肉やかまぼこ、にんじんなども入れた沖縄風炊き込みご飯をおそなえする家がふえたようです。

寒さをしのぎ風邪などをひかないように、また明日の仕事の活力源として滋養たっぷりなトゥンジージューシーを家族みなで食べる美風です。

本土でも、かゆ（冬至がゆ）やカボチャ（冬至カボチャ）を食べる習わしがあります。

火の神・仏だん・床の神のウサギムンと料理

火の神・仏だん・床の神

- トゥンジージューシー

ゆんたくひんたく

ふるえた「トゥンジービィーサ」

●すきま風が通り抜ける家は寒かった。雨戸を閉めても防げなかった。暖房といえば小さな火鉢とお年寄りが着ていたどてら（丹前）の中。祖父母の着ていたどてらに身を沈め、顔だけをひょっこり出してうたたねする。これこそ極楽浄土。

●思えば沖縄も豊かになった。スラブづくりの家にアルミサッシの窓。すき間風の入る余地はない。それでもコタツにストーブ、ヒーターまで防寒対策は万全。沖縄はいつから寒冷地になったのだろう。

火鉢に手をかざし、どてらの中で暖をとる。そんなトゥンジービーサも昔の話。せめてあつあつのトゥンジージューシーだけでも味わいたいもの。

トゥンジージューシーといえば里芋だけど、フーチバー入りにしてみました！

トゥンジージューシー

準備するもの

- 米　3合
- 水　3合
- フーチバー（よもぎ）　100g
- にんじん　小1本
- 干ししいたけ　5枚
- Ｂロース　300g（グーヤヌジー）
- しょう油　少々
- 塩　少々
- 和風だしの素　適宜

下ごしらえ

1

米を洗う

米をといだら、分量の水につけておく。

2

フーチバーをきざむ

フーチバーは葉を１枚ずつちぎって洗い、こまかくきざむ。

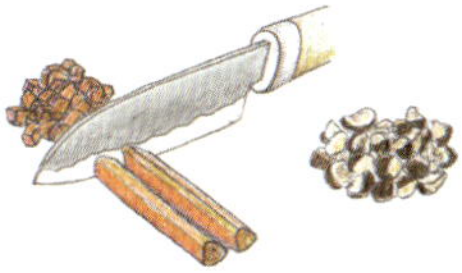

3

にんじん、しいたけを切る

皮をむいたにんじんは５ミリ角に切る。水でもどしたしいたけは１センチ角に切る。

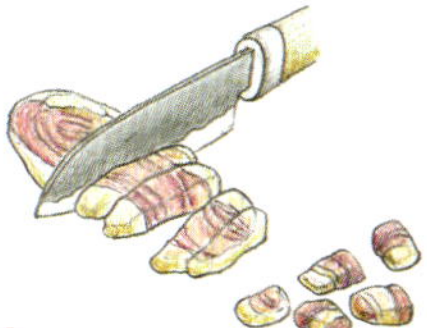

4

豚肉を切る

豚肉を１センチ角くらいの大きさに切ってボールで塩もみし、洗って水きりする。

炒める

5

具を炒める

熱したフライパンにうすくサラダ油をひいて、肉、にんじん、しいたけを炒め、しょう油少々、和風だしの素適宜で味をととのえ、強火で炒める。

炊く

6

具をまぜる

水につけておいた米の中に、炒めた具を入れ、塩と和風だしの素で味をととのえまぜたら炊飯器のスイッチを入れて炊く。

まぜる

7

よもぎの葉をまぜる

スイッチが切れたら、フライパンでサラダ油少々を熱し、きざんだフーチバーといっしょにまぜ込む。５分ほどふたをしたらできあがり。

年中行事

12月

旧暦12月8日（地域差あり）

ムーチー（もち）

火の神・仏だんのウサギムンと料理

火の神・仏だん

●ムーチー

ムーチー行事の由来として語り継がれているのが、鬼となって人を襲うようになった兄を妹の機知によって退治するという話です。

この鬼退治の日が旧暦の十二月八日だったことにより、この日にムーチー（鬼ムーチーとも）行事がおこなわれるようになったという伝承もあります。

クバ（蒲葵）やサンニン（月桃）の葉でつつんで蒸してつくったムーチーを火の神、仏だんにおそなえし、家族の健康と祖霊への感謝の祈願をします。また、ムーチーを十字にして軒下につるし、鬼除けとします。聖木であるクバの葉でつつむのがより古い形だとされていますが、近年はほとんどが香りが邪気を祓う呪力があるとされるサンニンの葉が使用されるようです。いずれにしてもカーサー（葉っぱ）を使うところから「カーサームーチー」ともよばれています。

こどものいる家庭では、子どもの歳の数だけムーチーをひもで結んで軒下などにつるす「サギムーチー」、特に男の子にはクバの葉でつつんだひときわ大きい「チカラムーチー」、生まれた子が初めて迎える「ハチムーチー」をつくります。

これからみても分かるように、ムーチー行事は子どもの健康祈願を中心とした行事となっていますが、もともとは厄よけが主な目的でした。

ムーチー

準備するもの

- クバの葉　10枚（葉先が10枚ついたもの）
- もち粉　800g
- 水　3 1/2カップ
- 塩　ひとつまみ

★サンニンを使う場合は、もちは砂糖を使って甘くする。

こねる

1

もち粉をねる

もち粉に塩ひとつまみと分量の水を入れ、よくこねる。

包む

2

クバの葉で両端をたたむ

よく洗ったクバの葉の中心の部分に、小判形にまとめたもちをおく。

3

クバの葉で包みこむ

もちを中に葉で包みこむよう折りたたんでひとまとめにする。

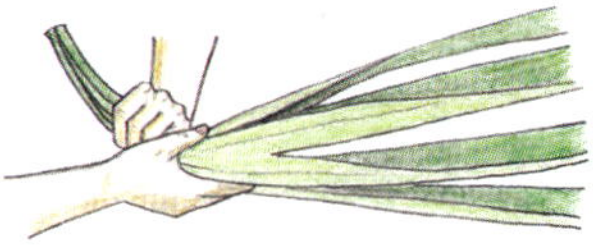

4

手前を折り曲げる

重ねた葉の手前を上に折り曲げる。

5

葉を１枚折る

まとめた葉の１枚を手前に折る。

6

結ぶ

折り曲げた１枚の葉を使って全体をぐるぐるに巻いて葉先をさしこみ留める。

7

葉を切る

結び目より上を５センチほど残してはさみで切り落とす。

蒸す

8

蒸す

沸騰した蒸し器に並べて 40 分ほど蒸す。

もちもいろいろ

ゆんたくひんたく

大から小へ三段重ねる「ウチャヌク」、よもぎ入りの草もち「よもぎもち、フームチとも）、小豆をまぶした「フチャギ」、葉っぱで包んで蒸した「カーサームーチー」、49 個を重ねた「フニムチ」、それに白もちとあんもち。ウチャヌクは屋敷の御願に、よもぎもちはハマウリに、フチャギはジュウグヤに、カーサームーチーはムーチーに、フニムチはシンジュウクニチにおそなえする。白もちはナンカスーコー、ジュウルクニチーに、あんもちは春秋のヒガン、シーミーなどに用いる。沖縄の年中行事にもちは欠かせない。

ウグヮンブトゥチ（御願解き）

旧暦12月24日

十二月二十四日は、過去一年間に叶えられた願いごとや幸いなことに感謝し、逆に不幸なことや災厄などが解消されますように、火の神や仏だん（祖霊）、屋敷神に祈願する日です。それと同時にもろもろの願をほどく日ともされています。このような意味から「ウグヮンブトゥチ」あるいは「フトゥチウグヮン」（解き御願）などとよばれているのです。

また同じ日に、火の神の「上天（昇天とも）の拝み」や「ヤシチヌウグヮン」（屋敷の御願）をおこなう地域も多く見られますが、別々の日におこなう地域もあります。

火の神が上天し、一家のできごとを天の神に報告するという信仰は、中国のカマド神の影響をうけてひろまったというのが定説になっていますが、すべての地域に浸透しているわけではありません。したがって、上天の拝みをいっさいおこなわない地域もあります。同じ日に屋敷の御願をする場合は、先にすませましょう。

火の神のまわりのすすを払い、ウコールの灰をきれいにします。それから供物をおそなえし、一年間の感謝の祈りをささげ、災いや不幸なできごとについては二度とこのようなことが起きないように願います。同時に、一年間に願いあげた御願は解く旨を伝えます。

ウグヮンブトゥチの拝みが終ると、供物はそのままにして上天の拝みを行います。一年間の加護に対する感謝と、家の中のよいできごとを天の神さまに報告くださるように祈ります。

火の神・仏だんのウサギムンと料理

火の神
- 水
- 酒
- 花米・洗い米
- 赤ウブク（三つ）
- ウチャヌク（三飾り）

仏だん
- 酒
- お茶
- 赤ウブク（二つ）
- ウチャワキ

ウチャワキの作り方は 14 ～ 41 頁にあります。

御願のしめくくり？

過去 1 年間の願いごとをほどく（請い下げる）のであれば、トゥシヌユール（おおみそか）にやればよさそうなのに、沖縄では 12 月 24 日（旧暦）にそれをやる。また、この日は火の神が上天（昇天）するとされ「上天の拝み」もやる。

すべての願いごとから解放して、身軽に天の神さまのもとにかえしてあげる、そんな気配りなのか。上天を助ける意味もあって、上天の拝みの際には線香を 7 回連続して（2 分の 1 ヒラを 7 回）そなえるという地域もあるそうな。

火の神が上天・下天するという考え方は、沖縄の火の神信仰の本来のものではない。

ゆんたくひんたく

年中行事

12月

旧暦12月30日 トゥシヌユール（年の夜）

大晦日のことです。

正月用の飾りつけをすませ、ごちそうを用意して、年迎えの準備をととのえます。

仏だんに手を合わせ、一年間家族を見守ってくださったことへの感謝と、新しい年もよい一年でありますようにと祈ります。地域によってはにんにくを仏だんにおそなえし、食卓にのせる風習もあります。

トゥシヌユールは、ソーキ汁などの豚料理を食べて夜おそくまで起きて、静かに新しい年を迎えるのが一般的でした。

復帰後、本土の風習を取り入れる家庭がふえ、トゥシヌユールに年越しそば（沖縄そば）を食べ、除夜の鐘を聞き、初詣と称して近くの神社にくり出す人が見られるようになりました。年越しそばなる風習は沖縄にはありません。また、初詣に神社がにぎわうという風景もそれほど長い歴史があるわけでもありません。

仏だんのウサギムンと料理

仏だん

- ソーキ汁と酢のもの

ソーキ汁

準備するもの

- ソーキ　1kg
- しぶい（とうがん）　中1個
- 昆布　2本
- 水　8カップ

★**味つけ**

しょう油　大さじ3
酒（泡盛）1/2カップ
塩　少々
だしパック　1袋
和風だしの素　適宜

下ごしらえ

1

ソーキを湯通しする

水洗いしたソーキを、煮立ったお湯にいれ、沸騰するまで煮る。

2

ソーキを水洗いする

沸騰したら、ザルに取って水洗いする。

3

結び昆布をつくる

昆布は水洗いし、少し水でもどしたあと、結び昆布にする。

しぶいはとろとろになるので、大きめに切りましょう！

4

しぶいを切る

皮をむいたしぶいは、ソーキと同じくらいの大きさに切る。

煮る

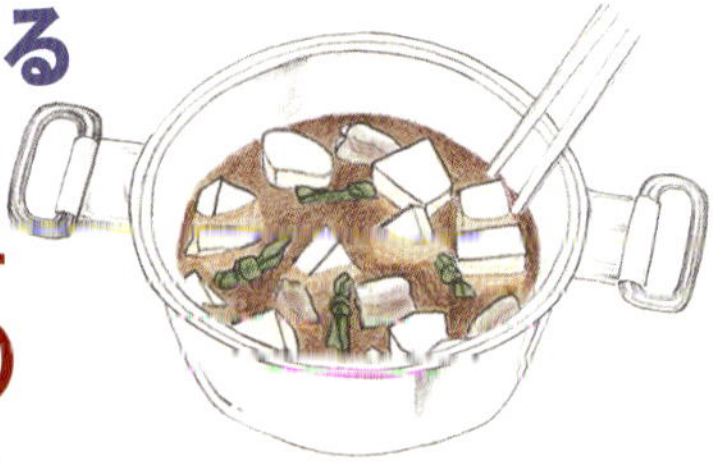

5

煮る

鍋にソーキ、しぶい、昆布、だしパック、たっぷりの水を加え、しょう油、塩、酒、和風だしの素を入れて味をととのえ沸騰させ、その後弱火で２時間くらい煮る。（かつおだしでもよい）

ゆんたくひんたく

豚の文化

フール（豚便所）にはフールの神がいて、屋敷神の中でもっとも権威があるとされている。魔ものなどに追われたら、豚便所に行って豚を起してから家に入ると、ついてきた魔ものは退散すると信じられてきた。魔ものを豚の鳴き声で驚かせて祓うことができるというのである。

まるで豚のもつ霊力が魔よけの力を発揮したと勘違いされそうだが、魔ものを祓う力はフールの神にあるということ。また豚が美男・美女に化けて人間をたぶらかすという話も多い。それらをひっくるめて「豚の文化」とよばれることがある。

心づくしのおもてなし！

祝いの膳

沖縄を知りたければ祝いの席！

「沖縄社会を知りたければ祝いの席に出るのが一番」。

みなさんは、このようなことばを耳にしたことはありませんか？

おりおりに催されるいろいろな祝宴は、時代とともに大なり小なりの変化はとげてきましたが、世代をつないで伝えられてきた風習がにじみ出るものです。ですから、沖縄を知るもっとも手っ取り早い方法は、祝いの席に

八品

- 赤飯（93頁参照）
- イナムドゥチ
- ドゥルワカシ
- クーブイリチー
- ディンガク
- カタハランブー
- サーターアンダギー
- 末広づけ（57頁参照）

紅白の紙をつかって祝い膳を華やかに！

参加することだといわれたりするのです。

出産から誕生日までの「生誕儀礼」。ジューサンユーエーからカジマヤーに至るまでの「トゥシビーユーエー」（生年祝い）。サキムイからクファンムイへとすすみ、ニービチスージでクライマックスを迎える「ニービチ」（婚礼）。地鎮祭に始まってシースビーユーエー（新築祝い）でしめくくる建築儀礼。

ここでとりあげた「祝い膳」は、ハレの料理として沖縄の人びとに長く愛され親しまれてきたメニューで、いわば祝宴の定番料理といえるものです。

残念ながら祝いの席でこうした「祝い膳」を目にする機会がめっきり少なくなってしまいました。できれば、客人を招いての祝いの席では、心づくしの手づくり料理を味わっていただきたいもの。

祝い膳なんてとてもとてもと、始めから腰がひけてはいけません。まずは、トライしてみること。きっと記憶に残るすてきな祝宴になるはずです。

イナムドゥチ

祝い膳はちょっと時間をかけよう！

準備するもの（10 人分）

・豚肉（Bロース）　1kg
・カステラかまぼこ　1/2 個
・干ししいたけ　4枚
・こんにゃく（イナムドゥチ用でも）
　1/2 パック

★味つけ
白みそ（又はいなむるちみそ）
かつお削り節（だし汁）
和風だしの素　適宜

専用の白みそも市販されているヨ！

ゆんたくひんたく

猪（いのしし）のもどき

●かつては猪を使った料理だということが料理名からもうかがえる。猪のかわりに豚肉を使うようになり、「いな（猪）むどぅち（もどき）」とよばれるようになったというわけ。おかげさまで、沖縄の豚肉料理の逸品が誕生したことになる。

●甘みそ仕立ての具の多い汁ものだが、最近はイナムドゥチ用の白みそも市販されている。味つけに無用な心配をしなくてもつくれる。代表的なハレの料理の一つだが、正月客のふるまい料理として出せば主婦のカブがあがることうけあい。「クーブイリチー」・「ドゥルワカシ」などとともに会席膳料理の定番でもあるョ。

★カステラかまぼこはだしが出るので、ことこと煮込みましょう。

下ごしらえ

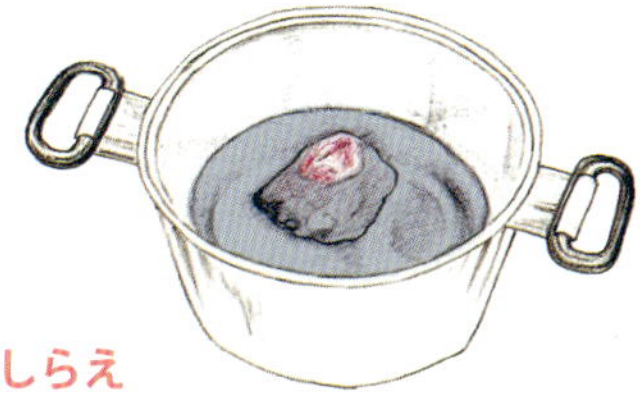

1
下ごしらえ
豚肉をお湯に入れて、弱火で 30 分ほどゆでる。ゆで汁はかつおだし用に使う。

2
かつおでだしをとる
豚肉のゆで汁を沸騰させ、かつおのけずり節をたっぷり入れて、１分ほど煮たらこし器でこす。

3
豚肉を切る
ゆでた豚肉を幅１センチ、長さ５センチ、厚さ２ミリくらいに切りそろえる。

4
干ししいたけを切る
水でもどしておいた干ししいたけを、２ミリの厚さくらいにスライスする。

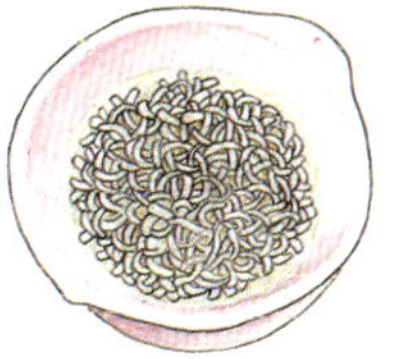

5
こんにゃくを切る
イナムドゥチ用こんにゃくは、水洗いしておく。

6
カステラかまぼこを切る
かまぼこは煮るとふくらむので、厚さ１センチくらいに切ったものをはじから２ミリの厚さに切っていく。

煮る

7
煮る
切った材料とだし汁を鍋に入れ、和風だしの素を加えて沸騰させ、アクをとりながら弱火で 20 分ほど煮る。

みそを入れる

8
みそを入れて煮る
みそを加えて、保温程度の火力で約 20 分くらい煮込む。

ドゥルワカシ

祝い膳はちょっと時間をかけよう！

準備するもの（10人分）

・ゆでた豚肉（Bロース）　300g
・カステラかまぼこ　1/2個
・干ししいたけ　4枚
・ゆでた田いも　300g
・ムジ（里いもの茎）　1束
・グリーンピース缶詰（小1缶）

★味つけ
しょう油　小さじ1
砂糖　少々
塩　小さじ2
かつおのだし汁　1カップ
和風だしの素　適宜
サラダ油　少々

下ごしらえ

1

根っこのいもを切る
ムジは素手でさわるとかゆくなるので、手袋（ビニール袋で代用）をつけて処理する。よく水洗いし、いもの部分を切り取る。

2

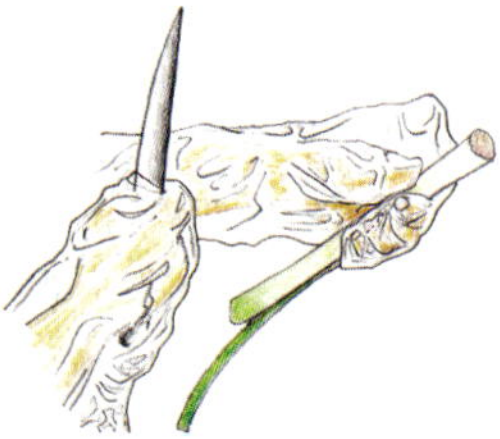

うす皮をむく
ムジを30センチくらいに切り分けてうす皮をむく。（手袋をつけてね）

3

ムジをゆでる
水を入れて沸騰させせた鍋に塩少々と油を少し加え、ムジを半分の長さに切って入れ、20分ほどゆでる。

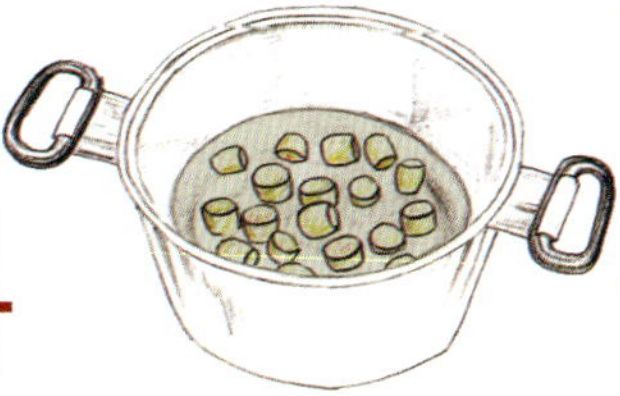

4

いもを煮る

切り分けておいたいもは、皮をむいて半分に切り、鍋に水を入れてゆで、煮えたらザルにとって水洗いし、水気を切って小さく切り、つぶしておく。（つなぎにする）

5

ゆでたムジを切る

ゆでたムジを1センチ幅くらいに切る。

6

田いもをゆでて切る

ゆでた田いもは皮をむき、沸騰したお湯で1～2分ほどゆで（アクぬき）、ザルに移した後、1センチ角に切る。

7

豚肉、しいたけを切る

ゆでた豚肉ともどした干ししいたけを1センチ角に切る。

8

かまぼこを切る

カステラかまぼこは煮ると大きくふくらむので、5ミリ角くらいに切る。

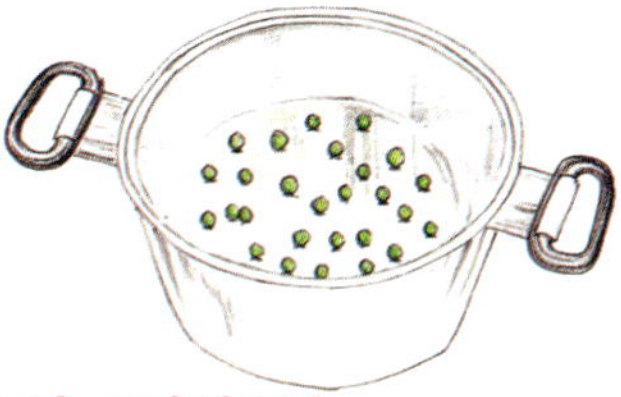

9

グリーンピースをゆでる

缶詰のグリーンピースを10分ほどゆでて水気を切る。

炒める

10

炒める

熱したフライパン（または鍋）に油をひいて、しいたけ、ムジ、肉、かまぼこを入れてざっと炒め、和風だしの素、しょう油、砂糖を入れてからめ、田いもを加える。こげないようだし汁を少しずつ加えてとろ火で炒める。

練る

11

仕上げ

最後につぶしたムジを加え、田いももしゃもじでつぶしながらとろ火で練って、ねばりがでたら出来上がり。

クーブイリチー

祝い膳はちょっと時間をかけよう！

準備するもの（10人分）

・蒸し昆布　70g
・豚肉（Bロース）　200g
・干ししいたけ　2枚
・カステラかまぼこ　1/3個
・こんにゃく（イナムドゥチ用でも）
　1/2パック
・油揚げ　3枚

★味つけ
だし汁（イナムドゥチ用から）
150CC
しょう油少々
和風だしの素　適宜
塩　少々
サラダ油　少々

昆布（クーブ）は海の野菜

ゆんたくひんたく

●沖縄では昆布はだしを取る調味料として使うのではなく、海の野菜として多彩な料理に使われるりっぱな食材。

それだから、近海では採取できない昆布なのに消費量は全国の１～２位を争う。ひょっとすると昆布料理文化なるものの発信基地となれるかも。

●沖縄で使われる昆布は「さおまえ（棹前）昆布」というらしい。葉が薄くやわらかい惣菜用の昆布だそうな。だし昆布として使えないということかもネ。

下ごしらえ

1
豚肉、しいたけを切る
ゆでた豚肉、水でもどした干ししいたけを細長く切りそろえる。

2
カステラかまぼこを切る
カステラかまぼこは、煮るとふくらむので、ほかの材料より細めに切る。

3
油揚げの油ぬき
油揚げは沸騰したお湯につけて油ぬきする。

4
油揚げを切る
油ぬきした油揚げを細切りする。

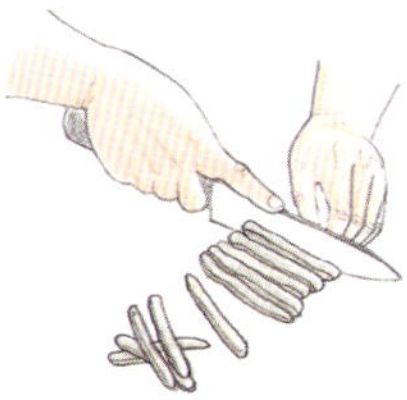

5
こんにゃくを切る
イナムドゥチ用のこんにゃくは幅が大きいので、半分の幅に切る。

下味をつける

6
下味をつける
すべての材料を器に入れ、しょう油少々、和風だしの素を入れて全体をまぜ、下味をつけておく。

蒸し煮する

7
調味料をつくる
だし汁、しょう油少々、和風だしの素をフライパンに入れて火にかけ煮立たせる。

8
煮る
煮立ったフライパンに材料を入れてよくかきまぜ、昆布が柔らかくなるまで蓋をして弱火で蒸し煮する。

9
味をととのえる
昆布が柔らかくなったら、塩で味をととのえ、熱したサラダ油少々を全体にふりかけてかきまぜ、少し蒸す。

カタハランブー

祝い膳はちょっと時間をかけよう！

準備するもの（10人分）

・薄力粉　500g
・ベーキングパウダー　大さじ１1/2
・卵　５個
・塩　少々
・味塩こしょう　少々
・和風だしの素　適宜
・水　250CC
・ごま油　大さじ１1/2
・サラダ油（揚げもの用）

鍋はだからはがすときは、そっとネ！

きじをつくる

1

下ごしらえ

薄力粉とベーキングパウダーをふるっておく。

2

卵をとく

別のボールで卵をとき、ごま油と塩、和風だしの素を加え、よくまぜる。

3

薄力粉に卵を加える

薄力粉の中にといた卵をこしながら加える。

4

まぜる

しゃもじで全体をよくまぜる。

5

水を加える

水を少しずつ加え、おたまできじをたらして棒状に落ちないくらいの硬さにする。

6

味をととのえる

味塩こしょう少々で味をととのえる。

油で揚げる

7

きじを油に流しこむ

サラダ油を160～170度くらいに熱し、おたまにいっぱいのきじをすくい、7割くらいのきじを鍋はだにそって流しこむ。

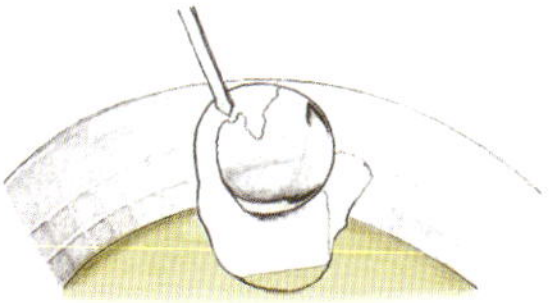

8

きじをのばす

油に落としたきじが切れないよう、残りのきじを鍋はだにぬりつけるように上にのばす。

9

きじをはがす

きじがかたまったら、さいばしでそっとはがして油に落とす。

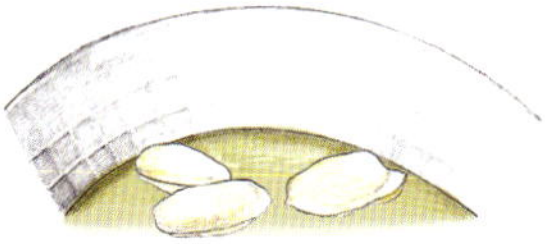

10

きつね色に揚げる

両面がきつね色になるまでゆっくり時間をかけて揚げる。

ゆんたくひんたく

結納品の三点セット

●サーターアンダギー、カタハランブー、マチカジ（松風）をお盆いっぱいにのせ、新郎・新婦の家に持っていく。伝統的な結納のしきたり。いずれも祝いの席にはかかせない一品。

●塩味だけのカタハランブーは、「クバンアーギ」、「白アンダギー」などともよばれているが、その独得な形を形容するならば「カタハランブー」がピタリとくる。

クバンアーギの「クバン」は神饌《しんせん》のことで神にそなえる供物の意味。白アンダギーはサーターアンダギーと区別する意味もあるのかも。

サーターアンダギー

祝い膳はちょっと時間をかけよう！

準備するもの（10人分）

・薄力粉　1kg
・ベーキングパウダー　大さじ11/2
・卵　10個（Mサイズ）
・砂糖　700g
（又は600gと塩ひとつまみ）
・サラダ油　大さじ4

割れ目がうまくつくれたら一人前ネ！

沖縄のエスニックフード

タレントのひとりが全国放映のテレビで「サーターアンダギー」を連呼した。一気に全国一円になった。テレビの力はやはり大きい。

沖縄を代表するお菓子の一つとして根強い人気があったが、今や全国区。土産品の一つとしても人気があるとか。おやつがわりに食べていたサーターアンダギーも、何やら高級菓子のイメージも。

沖縄版ドーナツとして海外、特にハワイやブラジルでも注目されているとかいないとか。サーターアンダギーがエスニックフードよばわりされるのは、なんとなく面映いネ。

★使う卵はMサイズにします。ここは大切ヨ！

ゆんたくひんたく

下ごしらえ

1
卵をとく
ボールに卵を割り入れ、よくかきまぜる。

2
卵をこす
といた卵はこし器でこす。

3
卵に砂糖、サラダ油をまぜる
卵の中に砂糖、サラダ油を加えてよくまぜる。

4
薄力粉をふるう
別のボールに薄力粉、ベーキングパウダーをふるいにかけておく。

5
薄力粉に卵を入れる
薄力粉の中に卵を加え、しゃもじでよくまぜ、冷蔵庫で2時間ほどねかせる。

丸める

6
丸める
サラダ油を器に準備し、手に油をぬりたねを取って丸める。

油で揚げる

7
油で揚げる
フライパンに160～170度の油を準備し、丸めたたねを入れてじっくり揚げる。割れ目が外のこげ色と同じ色になったら中まで火が通っているので、最後に油の温度を上げてカラッと揚げる。

油の温度が低すぎてもうまくできないのヨ。

ディンガク

祝い膳はちょっと時間をかけよう！

準備するもの（10人分）

- 田いも　600g
- 水　50cc

★味つけ
砂糖　100g
酒　少々
塩　少々

田いもはハレの日に欠かせない！

下ごしらえ

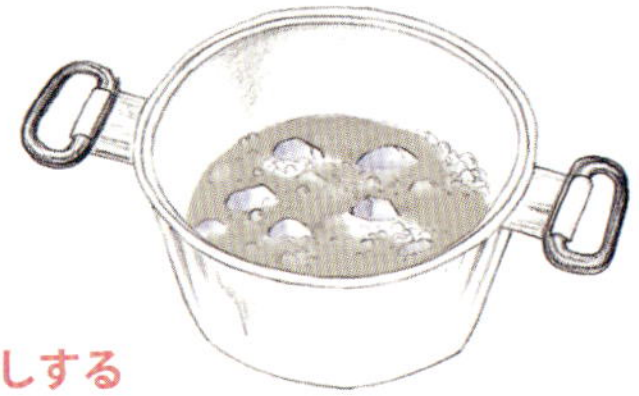

1
湯通しする
ゆでた田いもは皮をむき、沸騰したお湯でゆでて（アクをとる）、ザルに取る。

2
切る
田いもは３センチくらいの大きさに適当に切り分ける。

練る

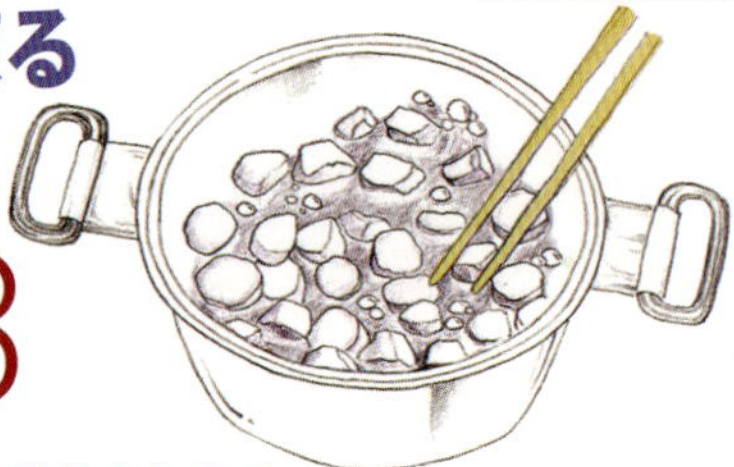

3
水と砂糖を加える
鍋に水を入れて火をつけ、切った田いもを入れて沸騰させる。砂糖を加えてまぜ、こげないように弱火にする。

4
練る
田いもをしゃもじでつぶしながらよく練る（つぶが少し残るくらい）。いもがつぶれたら、塩少々で味をととのえ、最後に酒少々を加えて練り、火を止める。

＼家庭でつくる／

ふるまい料理

島野菜は「ヌチグスイ野菜」

島野菜御前

縁側にひょいと腰をかけ、茶をすすり、手づくりの御茶受けをつまみながら四方山の話にときをすごす。

そんなありふれた日常の風景が、都市部といわず地方農村でもすっかり影をひそめてしまいました。

人と人のつながり、隣り近所のよしみが希薄になってきたのでしょうか。ぐるりを囲んだブロック塀、固く閉ざしたいかめしい門扉、用向きを告げる呼びリン。どれもこれも無用の者を拒んでいるのでしょう。それではチョイと訪ねて気軽に茶飲み話でも、という気分にはなれません。

そんな垣根を取り払い、人と人とをぐぅんと近づけてくれるのが、手づくり料理とお菓子の一品。

ここでとりあげた「ふるまい料理とお菓

白身魚と夏野菜の煮物（写真上、作り方は一二四頁）。
つるむらさきの和えもの（写真下、作り方は一三や皿頁）。

子」は、かつての沖縄ではふつうに見られたすてきな日常風景をとりもどす、島野菜をふだんに使った手づくり料理とお菓子。

島野菜はおしなべて「ヌチグスイ野菜」ともいわれているように、医食同源にはかかせないもの。そのうえ、ありがたいことには伝統的な調理法が確立されているものばかり。それにひと工夫を加えれば、あなただけの手づくりのふるまい料理のできあがり。

沖縄の長寿社会を支えてきたのも「ヌチグスイ野菜」が引き立て役を果たしてきたからこそ。

みずみずしい旬の島野菜は、それこそ命の薬そのもの、島野菜を使った料理はそれこそ薬餌《やくじ》そのもの。

料理のあれやこれやで話がはずみ、気がつけば台所談議からゆんたくひんたくの中で思い出す母の味。

ふるまい料理

島らっきょうの天ぷら

島野菜を使ったおもてなし！

準備するもの

・島らっきょう　１束
・サラダ油

★ころも
薄力粉
卵　１個
塩　少々
和風だしの素　適宜

下ごしらえ

1

下ごしらえ
薄皮を取り、洗って根と葉先を切り落とし、長さをそろえる。

2

薄力粉をふる
薄力粉をかるく全体にふってまぶす。

3

粉をはらう
よぶんな粉をはらいおとす。

ころもをつくる

4

ころもをつくる
ボールに卵１個を割り入れてほぐし、だしの素少々、塩少々、薄力粉を入れよくまぜる。

5

ころもをからませる
小さいものは２～３本をひとまとめにし、ころもをからませる。

油であげる

6

油で揚げる
揚げ油（中温）でカリッと揚げる。
（中温は、菜箸を入れてすぐに細かい泡が立ち上がる状態）

ふるまい料理

島らっきょうの炒めもの

島野菜を使ったおもてなし！

準備するもの

・島らっきょう　１束
・花かつお　３袋
・サラダ油
・塩　少々

薄皮ははがして取る。

下ごしらえ

1
下ごしらえ
２つ３つに分かれた株はさいて薄皮を取り、水洗いして水気をとる。根と葉先を切り落とし、長さをそろえる。

2
２つに切り塩をふる
半分の長さに切りそろえ、塩を薄めに全体にふってまぶす。

炒める

3
炒める
フライパンにサラダ油をうすくひき、らっきょうを入れて炒める。

4
かつおのけずり節を入れる
味をみてたりないようであればしょう油少々で味をととのえる。かつおの削り節を加えてまぜて火を止める。

ハンダマ入りご飯

島野菜を使ったおもてなし！

準備するもの

・米　3合
・ハンダマ（水前寺菜）　1束
・梅干し　6個
・青じそ　1袋
・炒りごま　適宜　・酒　少々

下ごしらえ

1
米を洗う
米を洗いザルで水切りする。

2
ハンダマをきざむ
ハンダマは葉をちぎって、水洗いし、ざく切りする。

ハンダマ。

3
青じそを千切りにする
青じそは水洗いし、水気を切って千切りにしておく。

4
梅干しをきざむ
梅干しは種をとり、全体をきざむ。

ご飯を炊く

5
炊飯器にかける
ザルの米を炊飯器に入れて分量の水を加え、梅干し、ハンダマを入れてスイッチを入れる。

6
かきまぜる
スイッチが切れたら、全体をかきまぜたあと、茶碗に盛って上に炒りごまと青じその千切りを散らす。

島野菜を使ったおもてなし！

ゴーヤーの肉詰め

準備するもの

- ゴーヤー　２本
- 合いびき肉　150g
- にんじん　少々
- ピーマン　少々
- 干ししいたけ　２枚
- にんにく　２片
- 片くり粉　少々
- 塩　少々
- 酒　少々
- 和風だしの素　適宜

★つけだれ

白みそ　大さじ１
砂糖　大さじ１
おろしにんにく　少々
すりゴマ　大さじ１
和風だしの素　適宜
水　少々

下ごしらえ

1

輪切りにする

水洗いして３センチくらいの輪切りにする。（あらかじめサラダ油少々、塩ひとつまみを入れたお湯でゆでておくと仕上がりがきれい）

3

詰めるたねをまぜる

ひき肉に酒をまぜ（肉のくさみ取り）、みじん切りした具材を全部加えてまぜ、つなぎに片くり粉少々を入れてまぜる。

2

片くり粉をぬりつける

ゴーヤーはスプーンで中の種とわたを取り、塩をかるくふる（色をとめるため）。片くり粉を指につけて中にぬりつける（肉がはずれないように）。

詰める

4

ゴーヤーに肉をつめる

ゴーヤーに肉を詰める。外側に肉がつかないように気をつける（仕上がりをきれいに）。

蒸す

5

ゴーヤーを蒸す

蒸し器にゴーヤーを入れ、20分ほど蒸す。つけだれは材料を全部まぜて、ゴーヤーにそえる。

ふるまい料理

ゴーヤーと豚肉のみそ炒め

島野菜を使ったおもてなし!

準備するもの

・ゴーヤー　1本
・ゆでた三枚肉　200g
・缶詰のパイン　2切れ

★味つけ
みそ　大さじ1
砂糖　少々
和風だしの素　適宜

島野菜御前にしてみました。(ジーマーミー豆腐、ナーベーラーのンブシー、ゴーヤーの肉づめ・みそ炒め、くずもち)

ゆんたくひんたく

苦味と甘酸っぱさの絶妙なハーモニー

●うまみの凝縮されたゆでた三枚肉とゴーヤー、豆腐とくれば元気印の家庭料理「ゴーヤーチャンプルー」だ。。

今回は豆腐にかえてパインを入れ赤みそで炒めた。ゴーヤーの苦味とパインの甘酸っぱさが絶妙のハーモニーを奏で、三枚肉のうまみをいっそう引き立ててくれた。

●ゴーヤーは火加減がなかなか難しい。火を通す時間が長すぎるとコリコリ感がそこなわれる。腕の見せどころだネ。

下ごしらえ

1

下ごしらえ

水洗いしたゴーヤーをたて半分に切り、中の白いわたと種をスプーンで取り、頭とヘタを切り取って5ミリくらいの厚さに切る。

2

ゆでた三枚肉とパインを切る

あらかじめゆでておいた三枚肉を、皮を取りのぞき、5ミリくらいの厚さに切る。パインはいちょう形に切る。

炒める

3

ゴーヤーを炒める

熱したフライパンにサラダ油をひいてゴーヤーを炒める。

4

蒸し煮する

フライパンに差し水をし、ふたをして強火で蒸し煮する。(色がきれいに出る)

5

三枚肉を入れる

ゴーヤーに火が通ってきたら三枚肉を入れ、三枚肉から脂が出るまで炒める。

6

みそと砂糖を入れる

三枚肉から脂が出たらみそと砂糖を加えてまぜ炒める。

7

パインを入れる

全体にみそがなじんだら、パインを入れてまぜる。

8

味をととのえる

最後に和風だしの素を加えて味をととのえる。

ふるまい料理

島野菜を使ったおもてなし！

ゴーヤーとパインの中華和え

準備するもの

- ゴーヤー（小）　3本
- 中華風イカ　１袋
- パインの缶詰（S）　１缶
- 塩　少々

★ドレッシング（好みで）
ゆずドレッシング　大さじ３
中華ドレッシング　大さじ３

下ごしらえ

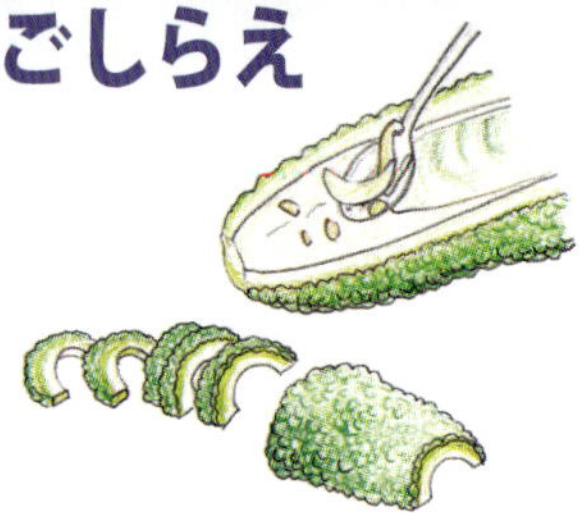

1

ゴーヤーをスライスする
ゴーヤーをたて半分に切り、わたと種をスプーンで取り、頭とヘタを切り取って薄切りにする。

2

塩もみする
スライスしたゴーヤーに塩をふってもみ、しばらくおいてしんなりしたらしぼる。

汁につける

3

パイン缶の汁を入れる
しぼったゴーヤーの中にパイン缶の汁を全部入れてまぜ、ゴーヤーをつけ込む。

4

中華風イカとパインを切る
中華風イカはたて２つくらいに切り、パインは細かく切る。

具を和える

5

具を和える
ゴーヤーに切ったパインと中華風イカを加えて全体をよく和え、冷蔵庫で冷やす。

ンスナバーの和えもの

島野菜を使ったおもてなし!

準備するもの

・ンスナバー（不断草）
　1/2束
・豆腐　200g
・白みそ　50g
・ピーナツバター 60g
・砂糖　少々
・塩　ひとつまみ
・和風だしの素　適宜

下ごしらえ

1

ンスナバーの葉をちぎる

葉を洗い、シンをちぎり取って、葉の部分だけを使う。

2

鍋でゆでる

鍋に湯をわかし、塩ひとつまみを入れて葉をゆでて（若い葉で２～３分）、水にとってしぼる。

3

手でちぎる

しぼった葉を手で一口サイズにちぎる。

4

豆腐をつぶす

豆腐はペーパータオルで包んで水気を吸い取り、ボールに入れてなめらかになるようにつぶす。

和える

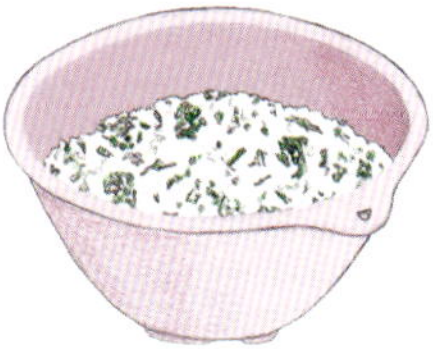

5

和える

すりつぶした豆腐に、白みそ、ピーナツバター、砂糖、和風だしの素を加えて練り、その中にちぎったンスナバーを入れて和える。

ふるまい料理

ナーベーラーカレー

島野菜を使ったおもてなし！

準備するもの

・ナーベーラー（ヘチマ）　4～5本
・とりむね肉　150g
・玉ねぎ　1個
・大豆の水煮　150g
・サラダ油　適宜

★味つけ

カレールー　1箱（中）
かつおだし汁　1カップ
ケチャップ　適宜
しょう油　少々
コンソメ　2個
酒　少々（とり肉下味）
塩　少々（とり肉下味）
片くり粉　少々（とり肉用）

オキナワンカレー

●夏野菜の王様ナーベーラー（和名：ヘチマ）をカレーに入れてみた。沖縄ならではのカレーのできあがり。そんじょそこらの野菜カレーとは一味ちがう。

●育ちすぎたナーベーラーは繊維が固くなり食用にはむかないのでご用心。本土では熟した繊維はたわしなどとして使い、茎を切って出す汁をためて化粧水に利用している。

●ナーベーラーのもつサラッとした酸味を味わいたいなら、手早くできる酢みそ和えがおすすめ。ごまみそ和えでもおいしい。ふるまい料理の一品に加えるとレパートリーもひろがる。

ゆんたくひんたく

下ごしらえ

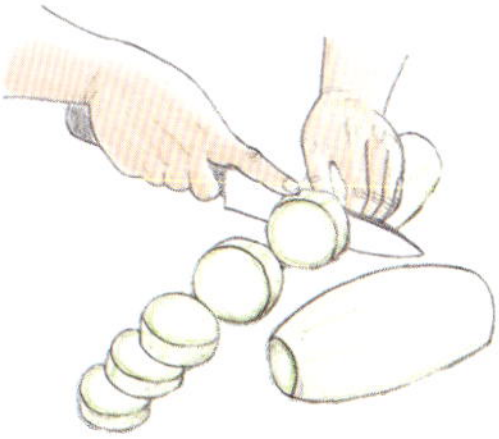

1

ナーベーラーを切る

ナーベーラーの皮をむいてたて半分に切り、１センチ厚さに切る。

2

玉ねぎを切る

玉ねぎは皮をむいてヘタと根のシンをとり、一口サイズに切る。

3

とり肉を切る

とり肉は一口サイズに切り、塩、酒をからめたあと片くり粉でまぶす。

炒める

4

とり肉を炒める

熱したフライパンにサラダ油をひいてとり肉が白っぽくなるまで炒めたら玉ねぎを加えてさらに炒める。

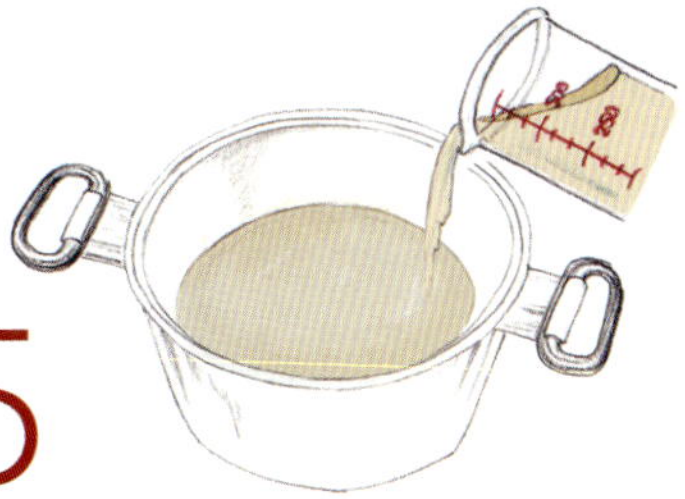

5

だし汁を火にかける

カレーの鍋にかつおのだし汁１カップを入れて火にかける。

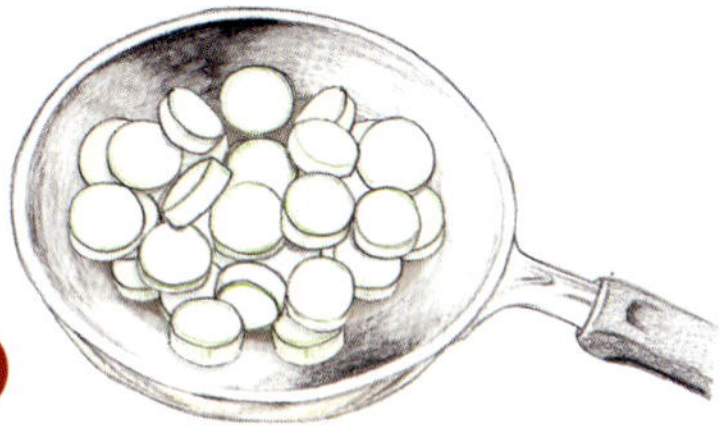

6

ナーベーラーを炒める

とり肉の中にナーベーラーを加えて炒め、全体に油がいきわたったらだし汁が入ったカレー鍋に移す。

7

大豆を加えて煮る

水煮の大豆はザルで水洗いし、鍋に加えてふたをして煮る。（水分が足りないなら差し水をする）

煮る

8

カレールーを入れる

10分くらい煮込んだらナーベーラーから水分が出てくるので、カレールーをとかしコンソメ、ケチャップ、しょう油で味をととのえる。

ふるまい料理

白身魚と夏野菜の煮物

島野菜を使ったおもてなし！

準備するもの

・白身魚（赤魚の切身） 200g
・ナーベーラー（へちま） 100g
・シブイ（とうがん） 150g
・オクラ 5本
・トマト 100g
・水 150cc
・片くり粉 適宜
・サラダ油 適宜

★味つけ
だしパック 1袋
しょう油 大さじ1
みりん 大さじ1
塩 少々
ケチャップ 大さじ1

白身魚のうまみ

ゆんたくひんたく

●白身魚といえば沖縄では塩と泡盛だけでつくる煮魚が定番だが、夏野菜をたっぷりつかった煮物仕立てにしてみた。子どものいる家庭では、しっかりと骨抜きされた冷凍ものを使うのも悪くない。

●多彩な肉料理に比べると、魚料理は分が悪い。一般的に沖縄の魚は脂ののりが悪く、身にしまりがないといわれる。それもこれも調理法の一つで克服できるささやかな弱点。

下ごしらえ

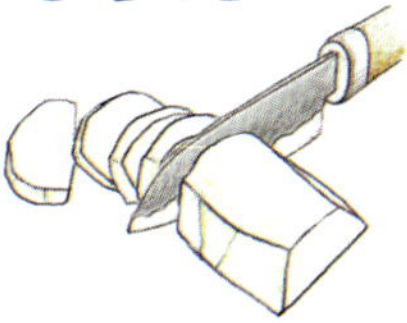

1

シブイを切る

シブイは皮をむき、ワタと種をとって５センチほどのおおきさで厚さ１センチに切る。

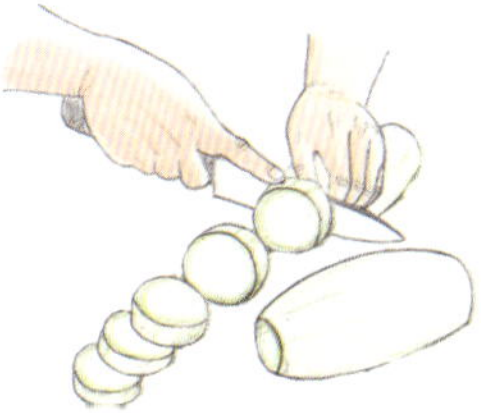

2

ナーベーラーを切る

ナーベーラーは皮をむき、１センチ厚さの輪切りにする。

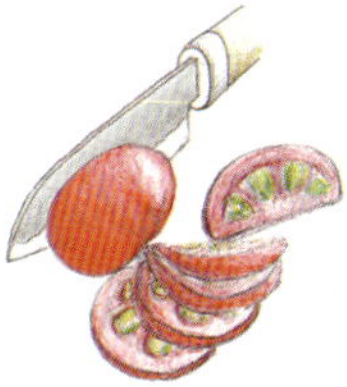

3

トマトを切る

トマトは半分に切り、半分をくし形に四つに切る。

4

オクラをゆでる

オクラはまな板の上で塩をふり、板ずりしたあと水洗いし、鍋にお湯をわかして塩ひとつまみ入れ、約２分ゆでたあと、ヘタを切り落とす。

焼く

5

魚を焼く

魚は水気をふきとって、軽く塩をふったら片くり粉をまぶす。熱したフライパンにサラダ油をうすくひいて両面をこんがり焼く。

煮る

6

煮る

魚を焼いたフライパンから魚を取り出したあとに、サラダ油を少し足し、ナーベーラー、シブイ、トマトを入れてまぜ、水 150cc とだしパック１袋を加えて煮る。

味つけ

7

味をつける

野菜がやわらかくなったら、しょう油、塩、みりんで味をつける。そのあと焼いた魚を入れてケチャップで味をととのえ、ゆでたオクラを加えてひと煮立ちする。

ふるまい料理

オクラのスープ

島野菜を使ったおもてなし！

オクラは夏野菜の一つで、ネバネバが夏バテ防止に効能があるとか。

準備するもの

・オクラ　150〜200g
・玉ねぎ　中１個
・だし汁（かつお、昆布）
　４カップ
・塩　少々

★味つけ
　味塩こしょう　適宜

ゆんたくひんたく

くせをなくしてスッキリと

●独得のネバリのあるオクラのくせを気にならない程度に薄めて、スッキリした味わいのあるスープ仕立てにした。ネバリが苦手な子どもでもこれならＯＫかも。

●近年、沖縄の家庭でもふつうに納豆を食べるようになった。薄く切ったオクラを納豆にまぜると深みのある味になる。ぜひためして！

下ごしらえ

1

オクラをゆでる

オクラはまな板の上で塩をふり、板ずりしたあと水洗いし、鍋にお湯をわかして塩ひとつまみ入れ、約２分ゆでる。

2

ゆでたオクラを切る

オクラはヘタを取り、1〜2センチに切る。

3

昆布だしを取る

鍋に４カップより多めの水とだし昆布を入れて火をつける。沸騰する直前に昆布を取り出す。

4

かつおだしを取る

昆布を取り出した鍋にたっぷりのかつおのけずり節を入れて１分くらい煮たら火を止め、こしておく。

5

玉ねぎをみじん切りする

玉ねぎをみじん切りにする。

炒める

6

玉ねぎを炒める

熱したフライパンにサラダ油をうすくひき、玉ねぎを入れて炒める。

ミキサーにかける

7

ミキサーにかける

ミキサーにオクラ、玉ねぎ、だし汁を入れ、形がなくなるまでかきまぜる。味塩こしょうで味をととのえたら再びかきまぜ、器にうつして冷蔵庫で冷やす。

クルトンを浮かべたら、ちょっとしたおもてなしスープに。

ふるまい料理

島野菜を使ったおもてなし！ つるむらさきの和えもの

準備するもの

・つるむらさき　1束
・かにかまぼこ
　1パック（12本入り）
・絹ごし豆腐　2パック
・トマト　小4個

★味つけ
しょう油　大さじ1
ごま油　小さじ1
酢　小さじ1
豆板醤（とうばんじゃん）　少々
和風だしの素　小さじ1

つるむらさき。
（方言名：ジービン）

ゆんたくひんたく

ほうれん草以上の栄養価

●夏の盛りに出まわる貴重な葉野菜。観賞用としても栽培されるが、味に多少のくせはあるもののやはり食用にしたい。古い茎は硬くなり食用にはむかないヨ。

●軽く湯がくとくせはやわらぐので和えものとしても上々だヨ。汁ものの具や炒めものとしても一級品。島名の「ジービン」よりも和名の「つるむらさき」の方が通りがよい。

下ごしらえ

1

葉をちぎる

つるむらさきは葉だけをちぎり取り、水洗いする。（茎は硬いので使わない）

2

ゆでる

鍋に湯をわかし、塩ひとつまみ入れて葉をゆでて水に取り、しぼる。

3

あらみじんに切る

ゆでたつるむらさきをあらみじんに切る。

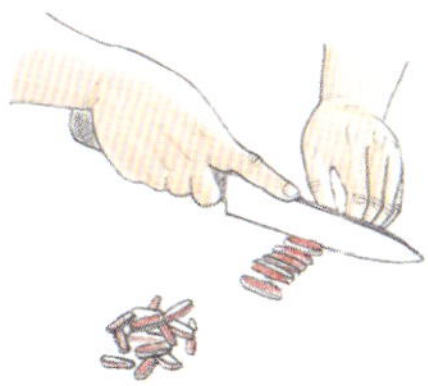

4

かにかまぼこを切る

かにかまぼこを2センチ長さに切る。（まぜたら身がほぐれる）

5

調味液をつくる

器にしょう油、ごま油、酢、豆板醤、和風だしの素をまぜて調味液をつくる。

和える

6

具をまぜる

ボールにきざんだつるむらさきとかにかまぼこを入れ、調味液を加えよくかきまぜる。

飾りつけする

7

飾りつけをする

横に厚さ１センチくらいの輪切りにしたトマトの上に、四角に切った絹ごし豆腐をのせ、その上に和えたつるむらさきをのせてできあがり。

トマトは身をくずさないよう気をつけて。

ふるまい料理

じゃがいものチヂミ

島野菜を使ったおもてなし！

準備するもの

- じゃがいも
(おろしてしぼったもの)　400g
- 薄力粉　50g
- ツナ缶詰（小）　1缶
- 冷凍むきえび　200g
- にら　100g
- 卵　1個
- ごま油　適宜

★味つけ
味塩こしょう
和風だしの素　適宜

韓国風ヒラヤーチー

ゆんたくひんたく

「ヒラヤーチー」を「沖縄風お好み焼き」だと説明すれば、他府県の人もたいがいのところ理解してもらえる。「じゃがいものチヂミ」を「韓国風ヒラヤーチー」といえば、沖縄の人は「ははん」とうなずいてくれるかな？

「ヒラヤーチー」といえば、沖縄を代表する軽食の一つ。戦後の貧しいころは、小麦粉を水でといて焼いただけの質素なものがふつうだった。今どきの「ヒラヤーチー」は美味このうえない。酒の肴として人気が高いのもうなづける。

じゃがいものチヂミは上品な味。ふるまい料理に加えたい一品だ。

★じゃがいもを使うと、薄力粉を少なくできるのでおいしくできる。

下ごしらえ

1
じゃがいもをおろす
じゃがいもは洗って皮をむき、すりおろす。

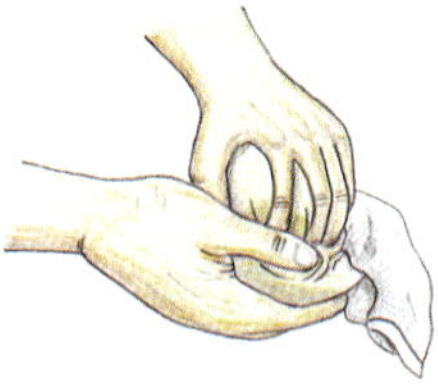

2
しぼる
すりおろしたじゃがいもを布袋（ナイロンのこし袋でも）に入れてしぼり、ボールに移しておく。

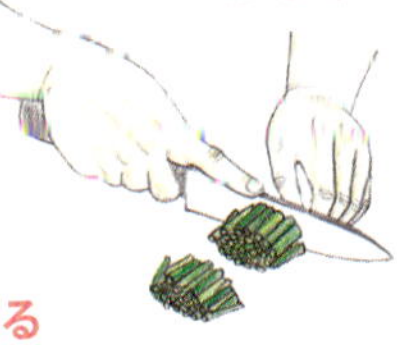

3
にらを切る
にらは洗って２センチ長さに切る。

4
むきえびを切る
むきえびは１つずつ二枚におろし、それを三つに切る。（背わたはとる）

まぜる

5
卵を入れてまぜる
じゃがいもに、にら、むきえび、油をきったツナを入れ、といた卵を加えてよくまぜる。

6
薄力粉を入れる
さらに薄力粉を加えてまぜ、最後に味塩こしょうと和風だしの素で味をととのえる。

焼く

7
焼く
熱したフライパンにごま油少々を入れてうすくのばし、たねを直径７～８センチくらいの平たい形にする。ヘラで押しつけながら２回くらいひっくり返して両面をきつね色に焼く。

手にサラダ油をぬってたねを丸めると、くっつきにくい。

あまったミンチと残りものの野菜でもう一品。あっという間にもてなし料理。

ふるまい料理

島野菜を使ったおもてなし！

かぼちゃのコロッケ

準備するもの

- ・かぼちゃ　500g
- ・玉ねぎ　200g
- ・合いびき肉　250g
- ・サラダ油　適宜

★味つけ

味塩こしょう

和風だしの素　適宜

★ころも

薄力粉　適宜

卵　２個

パン粉　適宜

ゆんたくひんたく

なつかしいひびき「チンクヮー」

かぼちゃの島名「チンクヮー」もほとんど耳にしなくなった。「かぼちゃのコロッケ」は子どもたちも大好きな一品だが、「チンクヮーのコロッケ」では国籍不明の料理になっちゃうかも。「チンクヮー」もそのまま死語になってしまうのはちょっとさびしい。

和名の「かぼちゃ」はカンボジアから伝来したことに由来しているとか。「えびす」や「ちりめん」などがよく知られているが、沖縄ではやはり「島かぼちゃ」。それでも「島チンクヮー」とよぶ人はほとんどいない。

下ごしらえ

1
かぼちゃを切る
かぼちゃは皮をむき、種をとって5センチくらいの大きさに切る。

2
かぼちゃを蒸す
蒸し器に入れて蒸す。箸が通ったら取り出す。

3
かぼちゃをつぶす
蒸したかぼちゃをボールに移し、よくつぶす。

4
玉ねぎをみじん切りする
皮をむき、ヘタと根をとった玉ねぎを大きめのみじん切りにする。

炒める

5
炒める
熱したフライパンにサラダ油をうすくひき、合いびき肉を入れて炒め、肉から脂が出てきたら玉ねぎを入れてさらに炒める。和風だしの素で味をととのえて火を止める。

6
汁気をとる
ザルに移し、汁気をとる。表面の汁気はペーパータオルで吸い取る。

まぜる

7
まぜる
つぶしたかぼちゃに炒めた具を入れ、味塩こしょうで味をととのえる。水っぽいときは、パン粉を加えて調整する。

ころもをつける

8
ころもをつける
たねを小判形にして、薄力粉、とき卵、パン粉の順にころもをつける。

油で揚げる

9
サラダ油で揚げる
サラダ油を180度くらいに熱し、両面がきつね色になるように揚げる。

ふるまい料理

かぼちゃのサラダ

島野菜を使ったおもてなし！

準備するもの

・かぼちゃ　500g（1/3 はから揚げ）
・じゃがいも　350g
・きゅうり　2本
・玉ねぎ（中）　1個
・卵　4個
（2個ー具、2個ートッピング）
・マカロニ　100g

★味つけ
マヨネーズ　180g（小1本分）
味塩こしょう　適宜
塩　少々（きゅうり塩もみ）

かぼちゃ（方言名：チンクヮー）。皮の黄色い色のついた部分の色は、中の身の色とほぼ同じ。

下ごしらえ

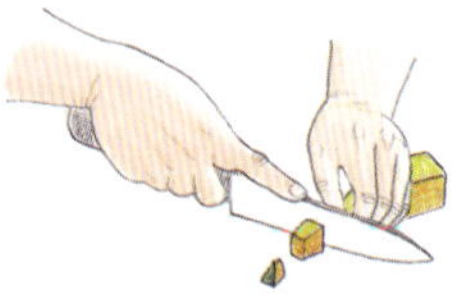

1
かぼちゃを切る
かぼちゃは皮をむき、種をとって1センチ角に切る。

2
かぼちゃを蒸す
1センチ角に切ったかぼちゃを蒸し器で形がくずれない程度に蒸す。

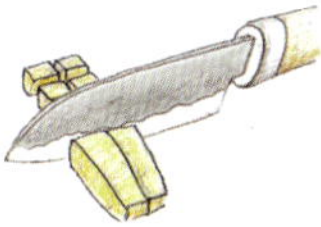

3

じゃがいもを切る

じゃがいもは洗って皮をむき、１センチ角に切る。

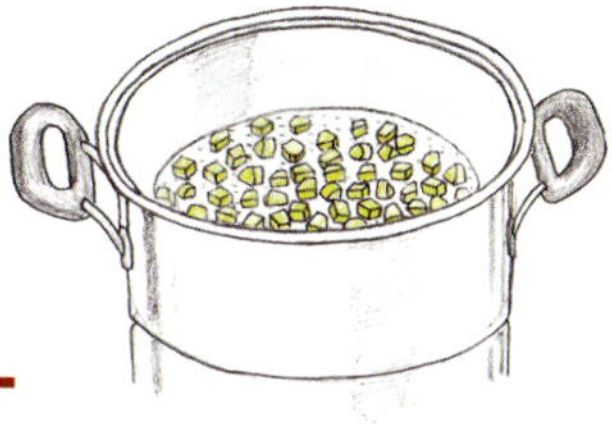

4

じゃがいもを蒸す

１センチ角に切ったじゃがいもを蒸し器で蒸す。

5

マカロニをゆでる

鍋にお湯をわかし、マカロニをゆでる。

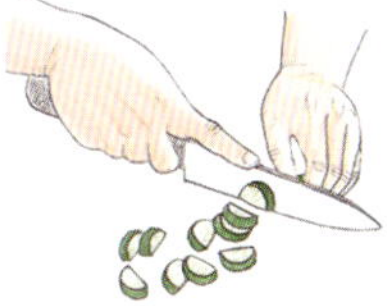

6

きゅうりを塩もみ

洗ったきゅうりはたて半分に切り、それを３ミリくらいの厚さに切り、塩をふってしばらくおき、水分が出たらしぼっておく。

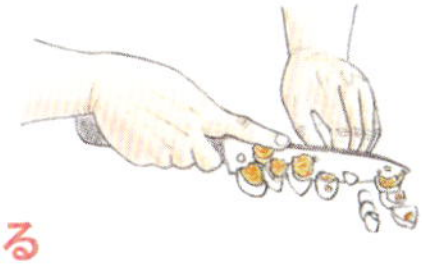

7

ゆで卵を切る

卵は４個とも半熟よりちょっと硬めくらいにゆでて（約 10 分くらい）、たて半分に切り、それをくし形に切ったあと三等分にする。

8

玉ねぎをみじん切りする

皮をむき、ヘタと根をとった玉ねぎをみじん切りにし、水にしばらくつけたあとペーパータオルで水気をしっかり取る。

9

かぼちゃを揚げる

蒸したかぼちゃの 1/3 を油で揚げる。

和える

10

マヨネーズで和える

ゆでたマカロニ、塩もみしたきゅうり、蒸したかぼちゃとじゃがいも、玉ねぎのみじん切り、ゆで卵の半分、油で揚げたかぼちゃをボールに入れてマヨネーズで和える。味塩こしょうで味をととのえ、盛りつけたら上に２個分の切ったゆで卵をのせて出来上がり。

かぼちゃのスープ

島野菜を使ったおもてなし！

準備するもの

・かぼちゃ　500g
・じゃがいも　350g
・玉ねぎ　250g
・ベーコン　100g
・パセリ（トッピング用）
　適宜
・バター　大さじ2
・牛乳　370CC
・生クリーム　200CC
・コンソメ　3個
・味塩こしょう　少々

★パセリは細かくみじん切りし、水につけたあと、こしてしぼってトッピングする。

ゆんたくひんたく

甘味と濃厚な味

●かぼちゃはさまざまな料理に使われる人気野菜の一つだが、沖縄の行事料理には登場しない。

●ハロウィーンはイギリス・アメリカの年中行事の一つで新年と冬を迎えるお祭り。夜には死者の霊が家に帰るとされている。アメリカでは「かぼちゃの提灯」を飾るそうだが、提灯が「むかえ火」になるのかも。沖縄では迎え火として「トゥブシ」を燃やしていた。

●食べるときにクラッカーを散らすのもいい。

下ごしらえ

1

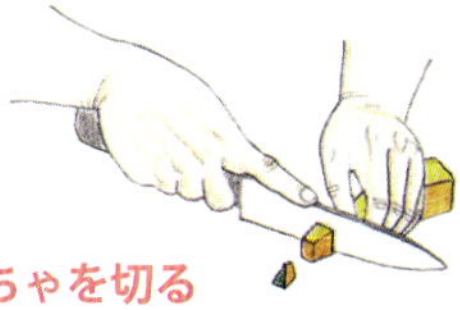

かぼちゃを切る

かぼちゃは皮をむき、種をとって1センチ角に切る。

2

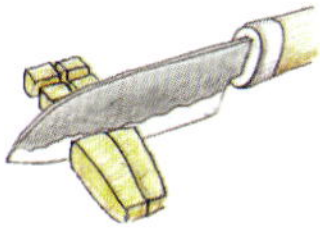

じゃがいもを切る

じゃがいもは洗って皮をむき、１センチ角に切る。

3

玉ねぎをみじん切りする

皮をむき、ヘタと根をとった玉ねぎをみじん切りにする。

煮る

4

野菜を煮る

鍋に水500ccとかぼちゃ、じゃがいもを入れて煮立たせ、蓋をして中火で煮る。

おしゃれな器に入れて、カリカリのベーコン、パセリをトッピング。

炒める

5

ベーコンを炒める

ベーコンを５ミリミリくらいの幅にきざみ、熱したフライパンに少しサラダ油をひいてカリカリに炒める。半分を取り出したあと（トッピング用）、玉ねぎを加えてしんなりするまで炒める。

6

玉ねぎを加える

かぼちゃとじゃがいもを煮た鍋に炒めた玉ねぎ、ベーコンを入れて少し煮込む。

ミキサーにかける

7

ミキサーにかける

鍋の具材を汁ごとミキサーに移し、ミキサーにかける。

味をととのえる

8

味をととのえる

ミキサーにかけたスープを鍋に移して火にかけ、牛乳を入れる。バター、コンソメを加えて味塩こしょうで味をととのえたあと、生クリームを入れ、一煮立ちしたら火を止める。

ふるまい料理

久場のビラガラマチ

島野菜を使ったおもてなし！

ジービラ（わけぎ）。ねぎもわけぎも一般的にねぎとして販売されている。根の部分が株になっているものがわけぎ。

準備するもの

・ジービラ
（わけぎ−ねぎでも）　１束
・かまぼこ（丸棒）　１本
・味つけたこ　１パック

★つけだれ
かつお出し汁　適宜
しょう油　適宜
砂糖　適宜
酢　適宜

ゆんたくひんたく

正月ふるまい料理の定番

●一昔前まで、首里の正月料理のふるまい料理には「ビラガラマチ」が定番であった。それが中城村久場に伝わり、久場でも正月の来客にはビラガラマチをふるまった。

●伝統の正月ふるまい料理をつくる家も年々少なくなってきたのはやはり寂しい。本家首里でもその傾向が強くなったようだ。ビラ（にら）は炒めもの、チャンプルーなどの料理によく使う。

下ごしらえ

1

味つけたこを切る

味つけたこは５センチ長さの一口サイズに切る。

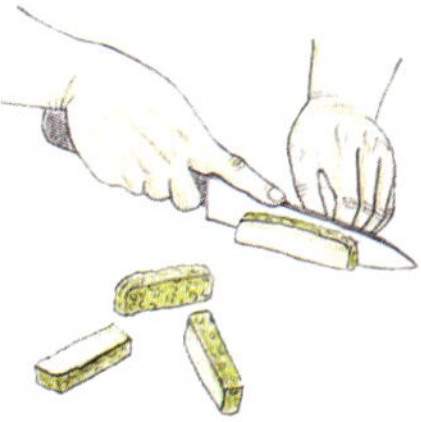

2

かまぼこを切る

棒状のかまぼこは三等分し、それをたて半分に切り、それを二つに切り分ける。

ゆでる

3

ねぎをゆでる

ねぎは水洗いし、沸騰したお湯で根を先につけてゆで、そのあと全部湯につける。さっと湯通ししたら水にとり、しぼる。

ポルトギュー（ポチギ）ソーセージを巻いてもおいしいヨ（酒の肴に）。

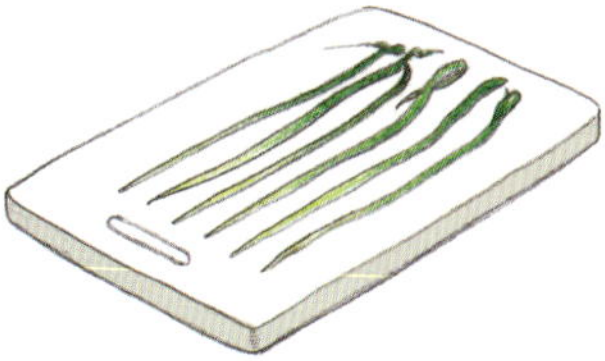

4

ねぎを準備する

水をしぼったねぎをまな板に１本ずつに分けて並べておく。

巻く

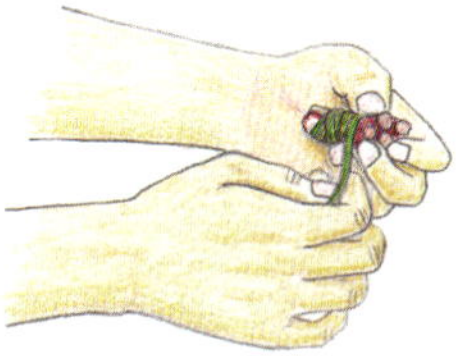

5

たこ・かまぼこを巻く

たこ・かまぼこは１個ずつ手に取り、ねぎの根の方を同じ長さにそろえて折り、はしからきれいに巻いていく。

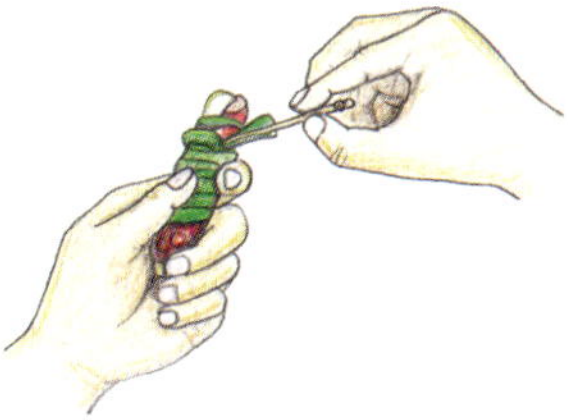

6

葉先を押し込む

巻き終わりの葉先は、つまようじの頭の部分でねぎの巻いた中につっこんで留める。

つけだれをつくる

7

つけだれをつくる

つけだれを合わせて火にかけ、好みに合わせて味をととのえる。

ふるまい料理

ヌチグスイでおもてなし！

ティビチ汁

準備するもの

・ティビチ（豚足）　1300g
・大根　1本
・にんじん　大1本
・生昆布　70g（約3本）
・レタス　1個

★**味つけ**
かつおのだし汁　1500CC
和風だしの素　適宜
しょう油　大さじ2
酒　50CC
塩　大さじ1

イメージをかえた豚足

ゆんたくひんたく

●ティビチとは豚足のこと。今やソーキと並ぶ沖縄の豚肉料理の定番。コラーゲン効果が喧伝されてそのうまさに気づく若い女性も多いのかも。時間をかけてことこと煮込んだティビチが口の中でとろけるうまさは沖縄肉料理の頂点。

●豚足と聞いただけで顔をしかめる本土の人間も多い。沖縄では「ティビチ」は堂々とした「ハレの料理」の一品。臭みを取る調理法も進化したのでしょう、全く気にならないのもうれしい。

★豚足は前足と後足があるが、前足は赤身が多いので値段も高く、後足は脂身が多いので安い。

下ごしらえ

1

かつおでだしを取る

沸騰したお湯にたっぷりのかつおのけずり節を入れ、1分ほど煮出してこす。

2

ティビチをゆでる

ティビチはきれいに水洗いし、鍋にひたひたの水といっしょに入れて沸騰させる。

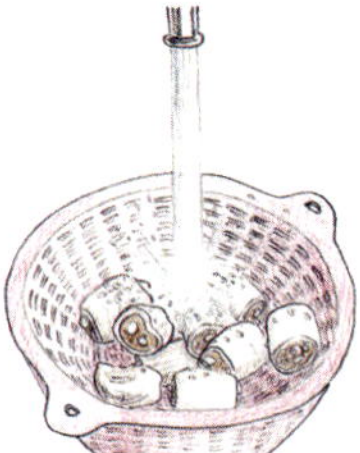

3

ティビチを洗う

沸騰したら火を止めてザルに取り、再び水洗いする。

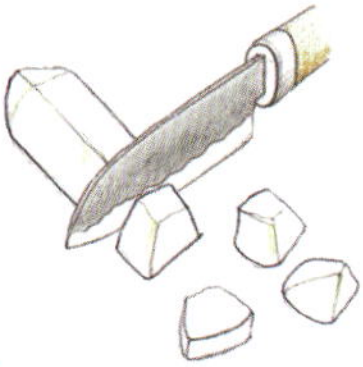

4

大根を切る

大根は皮をむき、たてに十字に切ったあと、5ミリの厚さに切る。

5

結び昆布をつくる

生昆布はざっと洗い、少し水につけてやわらかくする。結び目を連続でつくり、結び目の中間で切って結び昆布をつくる。

6

にんじんを切る

にんじんは皮をむき、大きめの乱切りにする。

煮こむ

7

煮る

鍋にかつおのだし汁、豚足、大根、にんじん、昆布、しょう油、酒、塩、和風だしの素を入れて沸騰させ、アクを取ったら蓋をして約2時間弱、弱火で煮る。

8

レタスを入れる

レタスは葉を1枚ずつちぎって水洗いし、水気を切ったものを最後に鍋に入れてすぐに火を止める。

ふるまい料理

チムシンジ

ヌチグスイでおもてなし！

準備するもの

・豚肉（Bロース） 500g
・豚レバー 200g
・大根 1/3本
・にんじん 中1本
・ごぼう 小1本（30cm）
・レタス 1個

★**味つけ**
かつおのだし汁 1ℓ
和風だしの素 適宜
塩 適宜

おからイリチーとニガナの白和えを付ければ、「クスイムン」。

知恵の結晶

●医食同源の思想を結実させたのが沖縄の「シンジムン」（煎じもの）。病気治療、疲労回復、滋養強壮、病気予防のためにシンジムンを食べた。沖縄長寿社会の源ともいえる。

●ターイユ（ふな）シンジ、クーイユ（こい）シンジ、イラブー（エラブウミヘビ）シンジ、ナチョーラ（海人草）シンジ、そしてチム（豚レバー）シンジなどがある。栄養素を煮出しする「シンジムン」は、まさに「クスイムン」（薬餌）そのもの。

★生肉をゆでるときは、湯を沸騰させた中に入れると水から入れてゆでるよりアクが出にくい。

ゆんたくひんたく

下ごしらえ

1
かつおで出しを取る
沸騰したお湯にたっぷりのかつおのけずり節を入れ、１分ほど煮出してこす。

2
レバーを切る
レバーを一口大に切る。

3
レバーの下ごしらえ
一口大に切ったレバーは、塩小さじ１、酒大さじ１でよくもみ、流水で洗う。その後、沸騰したお湯に入れて色が変わったら再びザルに取る。

4
豚肉を切る
豚のＢロースを一口大に切る。

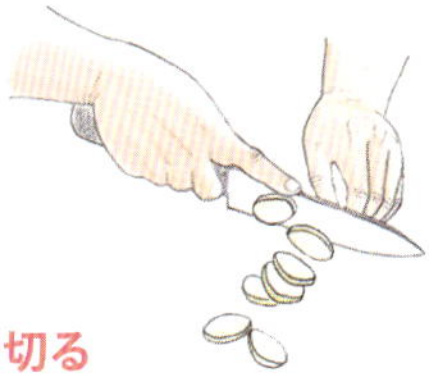

5
ごぼうを切る
ごぼうは包丁の背で皮をそぎおとし、水洗いして３ミリの厚さにななめ切りする。

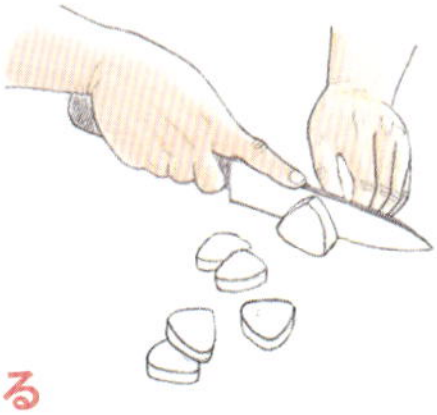

6
大根を切る
大根は皮をむき、たてに十字に切ったあと、５ミリの厚さに切る。

7
にんじんを切る
にんじんは皮をむき、３ミリの厚さにななめ切りする。

煮こむ

8
煮る
鍋にかつおの出し汁、ごぼうを入れて沸騰させ、そこへ肉を加えて 20 分ほど煮る。そのあと大根、にんじんを入れて半煮えしたころにレバーを入れ、アクを取りながら弱火で煮る（煮すぎるとレバーが硬くなる）。塩で味をととのえる。

9
レタスを入れる
レタスは葉を１枚ずつちぎって水洗いし、水気を切ったものを鍋に入れてすぐに火を止める。

ふるまい料理

ヒージャー汁

ヌチグスイでおもてなし！

準備するもの

・ヒージャー（山羊）骨付肉　1kg
・フーチバー（よもぎ）　適宜
・酒（泡盛）　盃1杯
・かつお出し汁　4ℓ
・水　4ℓ

★味つけ
塩　適宜
おろし生姜　適宜

洗う

1
ヒージャー肉を洗う
ヒージャーの骨付肉はザルに入れて水洗いする。

湯通し

2
湯通しする
沸騰したお湯にヒージャー肉を入れて湯通しし、沸騰したらザルに移して湯を切る。

煮こむ

3
煮込む
鍋にたっぷりのかつおのだし汁とヒージャーの骨付肉を入れ火にかける。沸騰する前に泡盛を盃１杯分入れる。沸騰したらアクを取りながら約２時間ほど煮込む。

4
フーチバーを入れる
ヒージャーの肉が柔らかく煮えたら、フーチバーを入れて火を止める。器に盛りつけたらおろし生姜と塩をそえる。各自好みで味をつける。

ジーマミー豆腐

ヌチグスイでおもてなし！

準備するもの

- 生落花生　２カップ
- いもくず　１カップ
- 水（落花生用）　３カップ
- 水（いもくず用）　３カップ

★つけダレ

しょう油　大さじ１
みりん　大さじ１
砂糖　小さじ１
かつおだし汁　大さじ５
おろし生姜　少々
水とき片くり粉　少々

下ごしらえ

1

水につけた落花生をミキサーに

１時間ほど水につけておいた生の落花生（皮をとった）を水ごとミキサーにかける。

2

布袋でしぼる

ミキサーにかけた落花生を、布袋に入れてしぼる。

3

いもくずを水でのばす

別のボールにいもくずと水３カップを入れてまぜる。

火にかけ練る

4

加熱する

鍋に入れた落花生のしぼり汁と水でのばしたいもくずを合わせてよくまぜ、火にかける。手早くまぜて練る。（落花生の生のにおいがなくなるまで）

冷ます

5

型に入れて冷ます

バットを水でぬらし、その中に流しこんで、表面をたいらにならして冷ます。小鍋にタレの調味料を煮立たせ、片くり粉でとろみをつける。

お菓子でおもてなし！アガラサー

準備するもの（ケーキ型4個分）

・ホットケーキミックス　1kg
・ベーキングパウダー　小さじ1
・にんじん（ピュレ状）600g
・卵　6個
・牛乳　1カップ
・砂糖　200～150g
・バター（とかし）　120g
・バター（とかし）
　（ケーキ型にぬる）　適宜
・レーズン　150g
・バニラエッセンス　少々
・サンニンの葉　適宜

フーチバー入りのアガラサーもおいしいヨ。（レーズンのかわりにフーチバーをみじん切りし、茹でてしぼって生地に入れる）

ゆんたくひんたく

笑ってョ　アガラサー

●アガラサー、チンピン、ポーポーとくれば庶民のつくる素朴な琉球菓子の代名詞。チョイと珍しい菓子名は、蒸し器の方言名「アガラサー」をそのまま使ったもの

　焼きあがったとき、中央がきれいに笑っているように見えると仕上がりは上々。だからつくるときは「笑ってョー」と口ずさむ。。

●ウコン、フーチバー、アーサーを使ってもつくり方は同じ。黒糖を使った「黒糖アガラサー」は土産品としても評判は上々とか！

下ごしらえ

1
にんじんをゆでる
にんじんの皮をむいて、２ミリ厚さに輪切りし、水を入れてやわらかく煮る。

2
ミキサーにかける
ゆでたにんじんをザルに取ったら、ミキサーに入れて形がなくなるまでかきまぜる。

3
卵をこす
卵はよくといたあと、こし器でこす。

4
卵にまぜる
卵の中に、にんじん、砂糖、牛乳、とかしたバターを加えてまぜる。

5
粉をふるう
ホットケーキミックスをふるいにかける。

まぜる

6
粉と卵液をまぜる
ホットケーキミックスの中に卵液を全部いれてよくまぜる。

7
レーズン、バニラを入れる
全体がなじんだら、レーズンとバニラエッセンスを加えてまぜる。

8
ケーキ型を準備する
ケーキ型にサンニンの葉を切って裏返しに敷き、とかしたバターを中全体にぬる。

蒸す

9
蒸し器で蒸す
ケーキ型の７分目くらいまで生地を流しこみ、蒸し器で 20 ～ 40 分蒸す。箸を刺して、生地がくっつかなければできあがり。

ふるまい料理

お菓子でおもてなし！
ふくさ包み

手づくりのお菓子は
何よりのおもてなし。

準備するもの（10個分）

・薄力粉（ホットケーキミックスでも）
　200g
・ベーキングパウダー　小さじ1
・抹茶　小さじ1
・卵　1個
・水　190CC(牛乳120＋水70ccでも)
・バニラオイル
・つぶあん
・クリームチーズ
・オリーブオイル（焼くとき使う）

ゆんたくひんたく

チョイとハイカラな茶うけに

●清楚な抹茶色がハイカラ感をそそい、「ふくさ包み」なんて料理名から何やら上品さがただよう。もてなしには格別の一品。

●ふくさとは、人に差し上げるものの上にかけたり、包むときに用いる絹布などのことをいう。ふくさのようにていねいに包み込むところから「ふくさ包み」という料理名にした。

下ごしらえ

1
薄力粉に抹茶をまぜる
薄力粉とベーキングパウダーをふるいにかけ、抹茶を加えてよくまぜる。

2
卵液をつくる
卵をよくとかし、牛乳、水を加えてまぜる。

3
薄力粉に卵液を入れる
抹茶をまぜた薄力粉に卵液を入れてよくまぜる。

焼く

4
焼き目をつける
フライパンを熱し、オリーブオイルをひいてタオルペーパーできれいにのばし、よくまぜた生地を小判形にのばして焼く。

蒸し焼きする

5
蒸し焼きする
表面にブツブツが出て、表面がかわいてきたらタオルペーパーを１枚ふんわりのせて上からふたをして少し蒸す。

あんをはさむ

6
生地にあんをのせる
焼いた生地の余熱がとれたら焼き目のついた方にあんをのせてはさむように巻く。

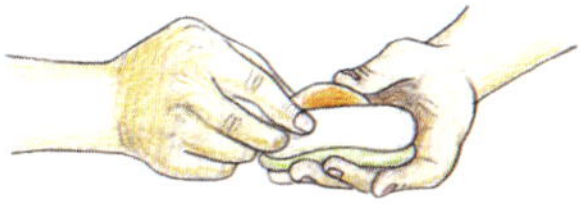

7
生地にクリームチーズを巻く
焼いた生地の半数に棒状に切ったクリームチーズをかぶせるように巻く。

清楚な抹茶色が食欲をそそる。

ふるまい料理

お菓子でおもてなし！

もずくもち

準備するもの

- もずく　300g
- もち粉（国産）　500g
- きな粉　300g
- 砂糖　400g
- 水　500～700cc
- サラダ油　少量

下ごしらえ

1

もずくをきざむ

もずくは水につけて塩ぬきしたら水気を切り、まな板に広げてこまかくきざむ。

2

粉をまぜる

ボールにもち粉、きな粉、砂糖を入れて手でよくまぜる。

3

もずくをまぜる

まぜた粉にきざんだもずくを加えてまぜこむ。

4

水を加える

もずくの入った粉に水を少しずつ加え、指の間から流れるくらいの硬さにこねる（もずくの水分により水の量はかわる）。

蒸す

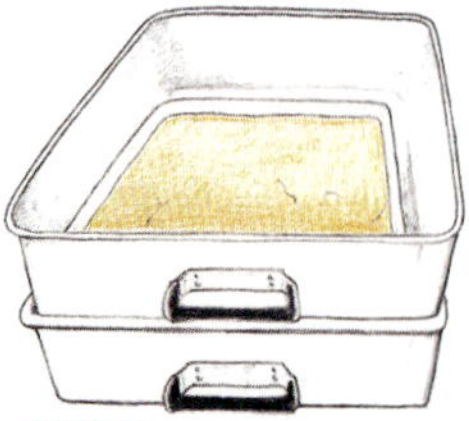

5

バットに入れて蒸す

バットにラップを敷き、サラダ油をぬりつけ、そこへ生地を流しこむ。蒸し器に入れて40分蒸す。楊枝でさして生地がつかなければできあがり。冷ましたらラップごとまな板に移し、包丁で切りわける。

ふるまい料理

くずもち

お菓子でおもてなし！

準備するもの

- いもくず粉　150g
- タピオカ　50g
- 砂糖　200g
- 牛乳　３カップ＋50CC
- 水　１カップ
- 生姜のしぼり汁　大さじ２
- すりごま（まぶす）　適宜
  （きな粉でも）

下ごしらえ

1

粉に水を入れてまぜる

ボールにくず粉とタピオカを入れ、水を加えてのばす。

2

生地をこし器でこす

鍋に水でのばした生地をこし器でこしながら入れる。

火にかける

3

牛乳と砂糖を加える

鍋に入れて牛乳でのばし、火をつけてかきまぜながら砂糖を加えてとかす。

4

練る

まぜながら生地が硬くなってきたら弱火にし、手早く練る。硬すぎるようであれば、牛乳 50cc をたす。最後に生姜のしぼり汁を加えて火を止める。

型に流す

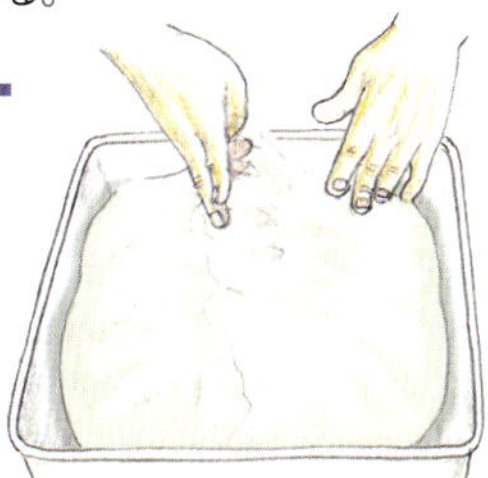

5

型に流しこむ

ラップをバットに敷きこみ、生地を入れたら敷いたラップを上に巻いて平らに形をととのえ、冷ます。冷めたら包丁で切ってすりごま（きな粉）をまぶす。

ふるまい料理

お菓子でおもてなし！ シークヮーサーゼリー

準備するもの

90CC カップ 12 個分

・シークヮーサーしぼり汁　200cc
・水　600cc
・パールアガー　40g
・砂糖　150g

下ごしらえ

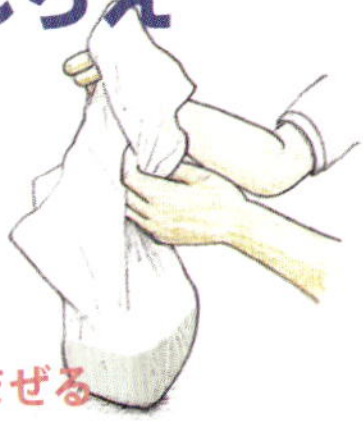

1

アガーをまぜる

ビニール袋に砂糖とアガーを入れてよくふってまぜる。

とかす

2

砂糖とアガーをとかす

鍋に分量の水を入れて火にかけ、あたたまってきたらビニール袋の砂糖とアガーを入れてかきまぜながらとかす。そのあと沸騰させて火を止める。

3

しぼり汁を入れる

火を止めたら透明になるので、シークヮーサーのしぼり汁を入れてまぜる。

4

容器を準備する

バットに少し水を張り、容器を浮かべる。

冷ます

5

冷やす

容器に移し、あら熱を取ったら冷蔵庫で冷やす。

お菓子でおもてなし！
にんじんゼリー

準備するもの

90CC カップ 12 個分

- ゆでたにんじん　300g
- にんじんのゆで汁　200cc
- 水　400cc
- パールアガー　40g
- 砂糖　150g

下ごしらえ

1

にんじんをゆでる

にんじんは皮をむき、2ミリくらいの厚さに輪切りし、ゆでる。ゆでたにんじんとゆで汁は別々にし、量る。

2

ミキサーにかける

ゆでたにんじんとゆで汁をミキサーにかける。

3

アガーをまぜる

ビニール袋に砂糖とアガーを入れてよくふってまぜる。

とかす

4

砂糖とアガーをとかす

鍋に分量の水を入れて火にかけ、あたたまってきたらビニール袋の砂糖とアガーを入れてかきまぜながらとかす。そのあと沸騰させて火を止める。

5

にんじんを入れる

火を止めたら透明になるので、にんじんを入れてまぜる。

冷ます

6

冷やす

バットに水を張り浮かべた容器に移し、あら熱を取ったら冷蔵庫で冷やす。

ふるまい料理

黒糖ゼリー

お菓子でおもてなし！

準備するもの

90CC カップ 12 個分

・黒糖　150g
・水　800cc
・パールアガー　30 〜 40g
・缶詰のパイン（輪切り）　２枚

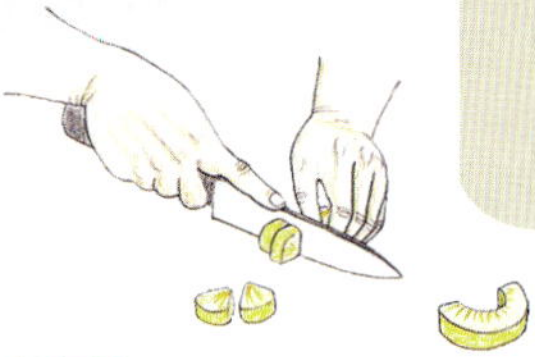

1
パインを切る
一枚のパインを６つに切る。（２枚で合計 12 個になる）

2
黒糖をとかす
水 800CC と黒糖 150g を鍋に入れて火にかけとかし、沸騰させて火を止める。

3
アガーを入れる
とかした黒糖は、80℃くらいまで温度を下げたあとにアガーを入れ、まぜながらとかす（沸騰したときに入れるとダマになる）。

4
容器を準備する
バットに少し水を張り、容器を浮かべる。

5
器に入れる
容器にゼリー液を入れて、パインを１切れずつそっと落として入れる。冷蔵庫で冷やす。

私の一品料理

冷蔵庫の中の逸品

とりむね肉のマスタードソースかけと生春巻き

中城村字南上原在　主婦歴三〇年
諸見里　恵子

ふだん使用しない器に野菜をあしらい、とりむね肉と生春巻きをていねいに盛りつけてみた。

それを見た家人、

「今日はお客さま?」と。その一言で「よし、いける!」とニンマリ。

「とりのむね肉は淡白でおいしくない」というのが世人の評価。私とて同じ。うすく塩こしょうして両面(裏表)をこんがり焼く。だし汁に酒、みりん、しょう油を加えてひと煮立ちさせた漬け汁に一晩つけておく。盛りつけるときに切り分けて、漬け汁にマスタードソースを溶かし、炒りごまをまぜてサッとふりかける。いわば漬けもの感覚の「とりむね肉のマスタードソースかけ」。ポイントは、一晩つけ置くこと、マスタードソースを溶かすこと。小さな発見こそ家庭料理の醍醐味。

生春巻きは、冷蔵庫にあった残りものの野菜、刺身を巻いただけのお手軽な一品。アボカドやローストビーフなどがあれば、なお言うことなし。

いわば、冷蔵庫のおそうじの中から生まれた逸品ともいえるのだが、盛りつけにチョイと工夫をこらせば、しゃれたふるまい料理に。

とりむね肉のマスタードソース

準備するもの

・とりむね肉　２枚

★煮汁

だし汁　340cc
酒　340CC
みりん　340cc
薄口しょう油　140cc

★ソース

粒マスタード　大さじ 1/2
炒りごま　適宜
片くり粉　小さじ１
水（片くり粉用）　25cc

★野菜のつけ合わせ

サラダ菜　適宜
アスパラガス　適宜
サニーレタス　適宜
クレソン　適宜

★作り方

① 熱したフライパンにサラダ油を入れ、むね肉を入れて両面をこんがり焼く。
② 鍋に煮汁を合わせて煮立て、アルコール分が煮きれたら、焼いた肉を入れて２分煮て、すぐに火からおろす。
③ むね肉を煮汁ごとタッパーに移し、あら熱がとれたら、冷蔵庫で一昼夜ねかせる。
④ 鍋に煮汁 1/2 カップと粒マスタードを入れて煮立て、水とき片栗粉を入れてとろみをつける。
⑤ アスパラガスをゆでて４等分に切る。
⑥ 冷蔵庫でねがせたむね肉を薄くスライスして野菜を盛りつけた器に並べ、ソースをかける。

にじみ出る品格を

かのこいもと磯辺焼き

中城村字登又在　主婦歴五〇年
島袋　美代子

創作するならば品格ある料理を……。私が密《ひそ》やかに追い求めているテーマ。

蒸した紅いもに砂糖を加えて練り上げ、中にチーズを入れて丸めた地に小さく角切りした紅ハヤトをまだらにはめ込んで鹿の子模様に仕上げたのが「かのこいも」。色ちがいはタロいもを地に使った品。

球形という単純な形、しかも単色のものを見映えの良いものに仕上げるのはなかなか難しい。そこで角切りした紅ハヤトをまだらにはめ込み、鹿の子模様に仕立ててみた。紅ハヤトがあんばいよく鹿の子の模様を描き出していれば上々ということ。料理もデザイン的センスが必要だということを痛感させられた一品。

磯辺焼きは、ムキエビ、レンコン、ハンペンをミキサーにかけてとろとろにし、それをハンバーグ仕立てにする。それに北中城村特産のノリをレンジでチンしてくちゃくちゃにほぐしたものをまぶして焼きあげた。

まぶしたノリが磯辺のほのかな香りを運んでくれる。

いずれも私の自慢のふるまい料理の一品。

「野國總管甘藷伝来 400 年祭」(嘉手納町)の記念行事の「甘藷料理コンテスト」で優秀賞を受賞した「かのこいも」(上)。
「磯辺焼き」(下)。

準備するもの

★紫かのこ(15 個分)

・タロいも　500g
・紅いもフレーク　1カップ
・紅ハヤト(生、かのこ模様用)
・砂糖　100g
・卵白　適宜
・プロセス(ベビー)チーズ　7.5個(1/2個をあんにする)

★白かのこ(15 個分)

・タロいも　250g
・紅ハヤト　250g
・紅いも(生、かのこ模様用)
・砂糖　100g
・卵白　適宜
・プロセス(ベビー)チーズ　7.5 個(1/2 個をあんにする)

かのこいも

★作り方

① タロいもを蒸してつぶす。
② 砂糖 100g を加えてまぜる。
③ 紅いもフレークを加えてまぜ、40g ずつ分けておく。
④ プロセス(ベビー)チーズを半分に切って、いもの中に入れて丸める。
⑤ 生の紅ハヤトは皮をむき、5ミリ角に切り、レンジで「あたため」にする。
⑥ 丸めたいもに角切りした紅ハヤトをかのこ状に見えるようにちりばめ、卵白をぬって蒸し器で蒸す(7分くらい)。
蒸しすぎるとふやけてしまうので注意しよう。

※白かのこはタロいもと紅ハヤトの両方を蒸して生地にする。(作り方は紫かのこと同じ)

匠《たくみ》な茶巾づくりを

菊花茶巾

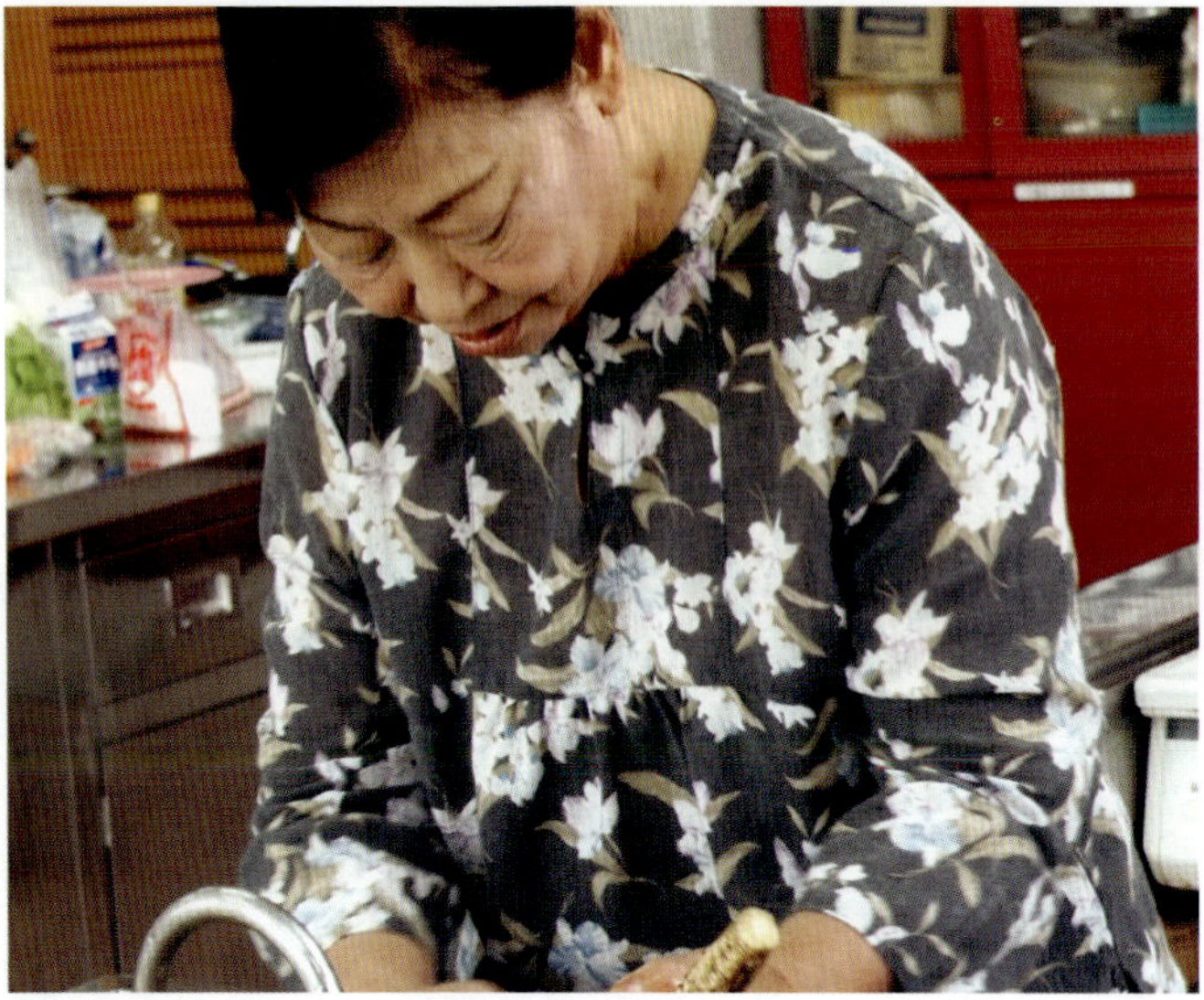

中城村字奥間　主婦歴五〇年
儀間　勝子

「菊花のイメージがうまく伝わったかしら？」

タレがにじんだように見え、自然のやわらかい風合いが出ていればまずは成功。

茶わん蒸しの要領を茶巾に応用した一品。

湯のみ茶わんにサランラップをていねいに敷き、はじめに具材のとり肉・エビ・タケノコ・シイタケを入れ、それに卵液を流し込む。

サランラップの口をしぼって取り出し、口元を糸などでしばる。しぼり加減によって菊花のイメージがうまく表現できるか否か。

口元をしぼったら、お湯の中につぎつぎと入れてゆく。はじめのうちは沈んでいるが、じょじょに浮き上がり、お湯の表面に出てきたら出来上がり。湯から取り出し、冷めたらサランラップをていねいにはがす。

上からかけるタレは、だし汁にしょう油、砂糖を加えて煮立たせ、水とき片くり粉をまぜてトロミをつけたもの。菊の葉を一枚ずつつけて完成。

卵液の菊花色、表面についた細かい筋、タレのにじみがヘタをうまく表現できていれば「匠の茶巾」といえるかも。

同じ要領で正月のお雑煮もつくれる。ぜひお試しあれ！

菊花茶巾（4人分）

準備するもの

・卵　4個
・とり肉　100g
・えび　大2尾
・しいたけ　2枚

★味つけ
だし汁　2カップ
しょう油　大さじ1
砂糖　少々
塩　小さじ1

★味つけ（タレ）
だし汁
しょう油
砂糖
水とき片くり粉

★作り方

① とり肉、えび、しいたけは1センチ角に切る。
② 鍋に切った具材と味つけの調味料を入れて柔らかく煮たら、あら熱をとっておく。
③ 湯のみ茶わんにラップを敷きこみ、1/4 ずつあら熱をとった具材を入れる。
④ 湯のみ茶わんに1個の卵をとき入れ、糸でしばる。（それを4個つくる）
⑤ 鍋に湯をわかし、その中に糸でしばった茶巾を入れ、中火で15分煮る。（卵が固まったら出来上がり）
⑥ 別の小鍋にタレの調味料を煮立たせ、水とき片くり粉でとろみをつける。
⑦ 茶巾のラップをていねいにはがし、上にタレを塗る。

ときに風流に

ローゼル入り菊花寿し

中城村字奥間（現兵庫在）主婦歴五〇年
比嘉　トシ子

暦の上では秋、菊の花をあしらってみた。
ローゼル入りのごはんは、艶やかなピンク色に炊きあがる。それにローゼルのねばりが作用して、モチモチとした「モチ米すし」様になる。気をつけたいのはローゼルのもつ酸味（クエン酸）を生かすために水加減を工夫すること。心持ち少なめにする。すし粉を使う場合も同じ。

この時期（初秋）は無理だが、採り立てのローゼルを使えば、色あいにいっそうの磨きがかかる。

細巻きにするときは、くるくる巻きにするのがふつうだが、この場合は巻かないで二つ折りにし、両はしを一センチくらい残してごはんを詰める。それをきれいに合わせて切ったときに花びらの形になる。ごはんの詰めすぎは失敗のもとになるので、くれぐれもご用心。

大皿に細長く盛りつければ藤の花（春）になる。おりおりに季節の花をあしらって四季を愛でる。

ときに、風流に食を楽しむのもいい。

準備するもの

・米　3カップ
・水　3カップ
・ローゼル　15 個
・海苔　4枚（
・きゅうり　1本
・干ししいたけ　2枚
・卵　1個

★味つけ（寿し飯）
すし酢（粉末）　適宜
★味つけ（しいたけ）
砂糖　適宜
しょう油　適宜
水　適宜
★味つけ（錦糸卵）
砂糖　適宜
塩　適宜

ローゼル入り菊花寿し

★作り方

① 米３合を洗い、ザルで水気をきっておく。
② ローゼルはがくの根元を切り取り、たて２つに切る。種を取り、洗ったあとこまかくきざむ。
③ 炊飯器に米と水、ローゼルを入れて炊く。
④ 炊きあがったら、別の容器に移し、粉末すし酢を入れて冷ましながらかきまぜる。
⑤ 干ししいたけは水でもどしていしずきを取り、鍋にしいたけ、水、砂糖、しょう油を入れて味がしみるまで煮る。細切りにしておく。きゅうりも切っておく。
⑥ すのこに半分に切った海苔を敷き、手前に寿し飯をのばし、その上にしいたけやきゅうりをそれぞれのせて海苔を１センチほど残して二つ折りにし一方を折りたたむ。
花びらの形に切りそろえ、錦糸卵をのせる。

お品書きは「まごころ一包」

ゼリーともずくもち

中城村字北浜　主婦歴五〇年
仲松　徳子

ここ二十年来、盆・暮れの喧騒《けんそう》にまみれて買い物に走り回ることはない。

中元・歳暮ともにすべて手づくりの品を贈り届けているから。もちろん重詰めにする料理もふるまい料理も。

もずくもちと各種ゼリー、そうでなければサーターアンダギーと菓子をワンパックにして箱詰めにする。お品書きに替えて「まごころ一包」を添える。それが、私の盆・暮れの感謝と達者であることへの便り。受け取る方も、「まごころ一包」が今年も届き、私の息災が分かり、喜んでくれる。

それが私の一品料理。

冷蔵庫の中には、「まごころ一包」の素材が必ず見つかる。何も特別のものでなくてもいい。そこは「ティーアンダー」、心をこめてつくれば逸品となる。

サーターアンダギーは一二六頁、もずくもちは一六〇頁に、各種ゼリーは一六二頁にそれぞれつくり方を紹介した。ご参照いただきたい。

ゼリーともずくもちをワンセットとしてまごころ一包の箱に入れる。サーターアンダギーなどが入ることも。

掌《てのひら》のぬくもり

島にんじんパイと黒糖カステラ

中城村字和宇慶　主婦歴四〇年
新垣　ヨシ子

「島人《シマンチュ》ヌ宝」というコマーシャルソングが流れると、つい口ずさんでしまう。

島にんじん、島らっきょう、島バナナ、島ハーブとも称されるにら・フーチバー・ンジャナ、そして島豆腐、それらもまた「島人ヌ宝」。

中城村の特産品でもある島にんじんを使った「島にんじんパイ」、沖縄を象徴する黒糖を使った「黒糖カステラ」、これが私の一品。

いずれもつくり手の掌のぬくもりが伝わるお菓子。

ザルに青葉を敷き、その上に島にんじんパイと黒糖カステラをおしゃれに盛り合わせれば、チョイと粋な茶菓子となる。

友との楽しい語らいをつなぎ合わせてくれるのが「パイとカステラ」の盛り合わせ。そこに一杯のコーヒー、紅茶でもあればハイカラな社交場に。

おしゃれな箱に詰め合わせればケーキセット。中元・歳暮のぬくもりのある贈答品に。

中城食文化ロマン
島にんじんカステラ
手づくり
ありんくりん
品名：パパイヤ漬
ヘルシードレッシングで
ちゅら美人
モズク佃
ズク佃煮

島野菜を使った製品。

茶談議に添える一品

ビラガラマチ

中城村字久場　主婦歴五〇年

比嘉　淑子

入れたての茶のぬくもりがてのひらを通して心地よく伝わってくる正月明け。

客人に出す茶に添える一品が「ビラガラマチ」。ビラガラマチに手をのばし、茶をすするほどに談議に花が咲く。四方山の話が尽きるころに暇《いとま》を告げる。

かつての首里ではふつうに見られた正月風景の一つ。

どうした理由からか、ここ中城村久場に伝わった。ただ、ビラガラマチという料理名を知る人も少なくなってしまったのは寂しい。

多忙を競う現代人には、客人と茶をすする心のゆとりも持てないのかも知れない。

味つけタコのベンガラ色とビラの深みのある緑のコントラスト。薄めの肌色のかまぼこを緑色のビラで巻いていく。皿に盛りつければ上品なふるまい料理。

つくり方は一四八頁に紹介した。

ポルトギュー（ポチギ）ソーセージをまいたら、りっぱな酒の肴に。（上）

私の手づくりのひと品。ティッシュカバーと食器洗い。

沖縄祝い事便利帳

子どもの誕生からトゥシビー、家や墓の新築まで、すべての祝い事のバイブル

著者：座間味栄議　B 6 判　175 頁
本体価格：1,500 円＋税
ISBN978-4-944116-30-0 C0039 ¥1500E

ひと目でわかる！
沖縄の葬式と法事と位牌スーコーとトートーメー

ナンカスーコーからニンチスーコーまで
位牌継承にまつわるルールとタブー

編著：むぎ社　B 6 判　208 頁
本体価格：2,000 円＋税
ISBN978-4-944116-28-7 C0039 ¥2000E

トートーメーQ＆A

トートーメー継承問題に 1 問 1 答形式でズバリ答える。年中行事、人生儀礼のトートーメー、ヒヌカンへのそなえものと拝み方。

著者：座間味栄議　B 6 判　208 頁
本体価格：2,000 円＋税
ISBN978-4-944116-34-8 C0039 ¥2000E

沖縄その不思議な世界

家庭でつくる
沖縄の漬物とおやつ

色を愛でるもよし、音を楽しむのもよし、味を堪能するのもよい。手づくりレシピ74に込められた主婦のぬくもり。

編者：家庭料理友の会　Ａ５判　184頁
本体価格：1,600円＋税
ISBN978-4–944116–46-1　C0077　¥1600E

絵でみる御願365日

自分でできる御願行事のすべて
新旧御願カレンダー、年中行事から屋敷の御願まで、ウサギムンとそなえ方、重箱料理の詰め方とそなえ方、火の神・トートーメー・お墓での祈願と拝み方（唱えことば）

編者：むぎ社編集部
本体価格：1,600円＋税
ISBN978-4–944116–45-4　C0039　¥1600E

琉球風水　福を招く家づくり墓づくり

満福の相の家づくり墓づくりを求めるあなたへおくる最高の指南書

著者：田仲花朱／虹水　Ｂ６判　175頁
本体価格：2,000円＋税
ISBN978-4–944116–39-3　C0039　¥2000E

三山とグスク

相関図でみる三山時代のグスクと三大勢力に収斂されるグスクの興亡

著者：座間味栄議　B 6 判　304 頁
本体価格：1,760 円＋税
ISBN978-4-944116-36-2 C0020 ¥1760E

沖縄の聖地

琉球の開びゃく神話に登場する聖地巡礼のためのガイドブック

著者：湧上元雄／大城秀子　B5 判　156 頁
本体価格：2,500 円＋税
ISBN978-4-944116-09-6 C0039 ¥2500E

沖縄「歴史の道」を行く

沖縄版「東海道 53 次」を現代に蘇らせた新歴史ロマン

著者：座間味栄議　B5 判　312 頁
本体価格：2,500 円＋税
ISBN4-944116-19-5 C0020 ¥2500E

沖縄の魔よけとまじない

石敢當・ヒンプン・シーサー・フーフダ・貝に見る沖縄人の魔の世界観

著者：座間味栄議　B 6 判　216 頁
本体価格：2,000 円＋税
ISBN4-944116-26-8 C0039 ¥2000E

● 編者：家庭料理友の会（料理製作）

諸見里恵子　島袋美代子　儀間勝子　比嘉トシ子　仲松徳子
新垣ヨシ子　比嘉淑子

● 表紙装幀・さし絵

座間味香深

家庭でつくる
沖縄行事料理とふるまい料理　定価・本体価格 1,600 円＋税

2013 年 12 月 25 日　第 1 刷発行
2023 年 8 月　第 6 刷発行
編者／家庭料理友の会

発行者／座間味香深

発行所／むぎ社

〒 901-2424　沖縄県中城村南上原 425-1
TEL／FAX　０９８－８９５－３５８７

印刷所／丸正印刷（株）

ISBN978-4-944116-41-6　C0077　¥1600E

むぎ社　https://www.mugisha.net/
御願ドットコム https://www.ugwan.com/